KB097498

뇌가 좋아하는
공부 사전

심리학과 뇌과학에서 찾아낸 공부에 관한 놀라운 사실들

뇌가 좋아하는
공부 사전

훗타 슈고 지음 ─ 오승민 옮김

어크로스

뇌가 좋아하는 공부법이란 무엇일까요?

많은 사람이 궁금해하는 이 질문에 대한 해답을 얻기 위해 수많은 논문을 분석하고 연구한 끝에 드디어 그 방법을 찾아냈습니다.

"아무리 공부를 해도 머리에 안 들어온다", "집중이 안 된다", "공부하고 싶은 의욕이 안 생긴다", "금방 싫증이 난다", "기껏 외워도 금방 까먹는다." 이런 생각을 자주 하고 있나요? 그래서 "역시 난 공부에 소질이 없어…"라고 지레 포기하고 있지는 않나요?

하지만 절대 여러분이 공부에 소질이 없는 것이 아닙니다. 다만 공부하는 방법이 잘못되어 있을 뿐입니다.

지금 당장 여러분의 공부 습관을 체크해보시기 바랍니다.

□ 방해받지 않는 밤에 몰아서 공부한다.

□ 텍스트를 스마트폰으로 읽는다.

□ 손필기 대신 PC나 태블릿, 스마트폰에 입력한다.

□ 암기한 내용은 바로 복습한다.

□ 공부는 하고 싶은 마음이 들 때까지 기다렸다 한다.

□ 든든하게 먹고 나서 공부한다.

☐ 졸리면 커피를 마셔서 뇌를 각성시킨다.

☐ 반드시 조용한 곳에서 공부한다.

☐ 하기 싫은 어려운 과목부터 시작한다.

몇 개나 해당하나요? 그런데 사실 이건 모두 잘못된 공부법들입니다.

이 중에는 선생님이나 부모님 또는 선배들로부터 올바른 공부법이라고 들었던 방법도 있을 것입니다. 그런데 우리 뇌와 인지 시스템의 특성을 볼 때 위의 방법들은 전혀 효과가 없거나 오히려 효율을 떨어뜨리기까지 합니다.

이 책에서 그 자세한 이유를 설명하고, 아울러 올바른 방법도 소개하겠습니다. "이게 진짜 효과가 있다고?" 싶을 만큼 흥미로운 방법도 있으니 꼭 실천해보세요.

올바른 공부법으로 효율적으로 공부해서 최대의 효과를 거두어 여러분의 꿈과 목표를 이루시기 바랍니다.

공부가 재미있어지는

신기하고 과학적인 방법이 있다고요?

한 학생이 저에게 이런 질문을 했습니다.

"교수님. 한번 외운 건 절대로 잊어버리지 않는 공부법이란
게 있나요?"

절대로 잊어버리지 않는 공부법이라니, 매우 인상적인 질문
이었습니다. '그런 게 있으면 진작에 내가 했지' 하고 속으로 중
얼거렸지요. 그런데 그 질문이 저의 탐구심에 불을 지폈습니다.

절대로 잊어버리지 않는다는 것은 다시 말해 '얼마나 정확하
고 효율적으로 정보를 받아들일 수 있으며, 또한 일목요연하게
정리하여 필요할 때 머릿속에서 바로 끄집어낼 수 있는가'라고
볼 수도 있습니다. 그야말로 공부하는 사람이라면 누구나 바라

는, 완벽하게 올바른 공부법인 셈이죠.

그럼 대체 올바른 공부법이란 어떤 걸까요?

학교에서는 공부해야 할 내용은 가르쳐주지만 정작 공부하는 방법은 가르쳐주지 않습니다.

만약 학교에서 올바른 공부법을 가르쳐준다면 학생들은 공부를 더 즐기게 될 것이고, 공부로 고민하는 친구도 줄어들지 않을까 생각합니다. 교사들도 훨씬 수업하기 편해질 것이고 학생들도 공부가 쉬워지겠지요. 공부 때문에 좌절하는 일은 절대로 일어나지 않는, 모두가 행복한 세상이 될 것입니다.

그런데 안타깝게도 절대적으로 옳다고 말할 수 있는 공부법은 아직 확립되어 있지 않습니다. 물론 세상에는 공부 비법을 알려준다는 책이 수없이 많고, 획기적인 공부법을 가르쳐준다는 학원도 우후죽순 생겨나고 있습니다. 하지만 거기서 알려주는 공부법이 실제로 과학적으로 입증된 것인지는 다소 의문스럽습니다.

그래서 저는 기억술과 적절한 학습계획 관리, 동기를 높이는 방법 등 공부와 관련해 발표된 세계적인 학술논문을 찾고 연구하기 시작했습니다. 심리학, 뇌과학, 교육학, 언어학 등 공부와 관련된 분야를 폭넓게 다루려고 노력했습니다.

공부에 관한 학생들의 고민을 분석해 보면 대개 아래와 같이 정리할 수 있습니다.

- 시험이 코앞인데도 손에 잘 안 잡힌다.
- 공부를 하긴 하지만 집중이 잘 안 된다.
- 공부해도 머리에 잘 안 들어온다.
- 외운 줄 알았는데 어느새 다 까먹는다.
- 공부하려고 하면 바로 졸음이 몰려온다.
- 시작은 했는데 얼마 못 가 지루해진다.

이 문제들은 결국 '의욕', '집중력', '기억력'의 세 가지로 귀결됩니다. 따라서 이 책에서는 이 세 가지를 중심에 두고 공부법과 관련해 사람들이 가장 궁금해하는 고민거리가 무엇인지 살펴본 후, 그 해결책을 제시하려고 합니다.

공부법은 비단 학생에게만 중요한 것은 아닙니다. 제 인생을 되돌아보더라도 학생 때는 물론이고 직장인이 된 이후로도 공부는 늘 중요한 문제였습니다. 아마 독자 여러분도 마찬가지일

뇌가 좋아하는 공부 사전

것입니다. 요즘처럼 자신을 꾸준히 계발해야 하는 평생학습 시대에는 더욱 그렇습니다.

공부는 인생을 역전하는 계기가 되기도 하고 무한한 가능성을 잡는 기회가 되기도 합니다. 사람은 태어나서부터 죽을 때까지 늘 끊임없이 공부해야만 하는 존재입니다. 공부는 늘 우리 곁에 있습니다.

단지 재미로 공부하는 사람은 드물 것입니다. 대개는 진학을 위해서나 자격증을 따기 위해서 등 어떤 목적을 두고 공부를 합니다. 그 목적을 달성하기 위해 어떻게 하면 짧은 시간 안에 효율적으로 지식을 얻을 수 있을 것인가를 두고 골머리를 앓게 되지요.

이왕 공부할 거라면 올바른 방법으로 공부하는 것이 훨씬 이득이지 않을까요? 이때 그 공부법이 올바른지 아닌지 판단하는 기준이 되는 것은 '그 방법이 과학적으로 근거가 있느냐'입니다.

이 책에서 다루는 연구들은 저명한 학자들이 집필하고 전문 학술지의 심사를 통과한 것들이 대부분입니다. 예를 들어 2015년 미국 하버드대학교의 로라 저민과 조슈아 하트숀이

4만 8537명을 대상으로 한 연구에 따르면 인간의 어휘력, 지식, 이해력, 계산 능력은 50대 전후에서 최고조에 이른다는 것이 밝혀졌습니다. 나이가 들면 머리가 둔해진다는 말은 사실이 아니었던 거죠. 이러한 연구 결과는 어른이 되어서도 공부해서 성과를 얻을 수 있음을 증명하므로, 사람이 죽을 때까지 공부를 놓지 말아야 할 근거가 되는 것입니다.

이 책에서는 이처럼 다양한 연구 결과와 그것을 활용한 공부법을 소개합니다.

그중에는 언뜻 이상해 보이는 연구도 있을지 모르겠습니다. '이게 정말이야? 설마 이런다고 공부가 잘되겠어?'라는 생각이 먼저 들 겁니다. 그러나 그런 연구들도 모두 실제 검증되었고 충분히 시도해볼 만한 가치가 있는 것들입니다.

우리 뇌는 '이 정보는 중요해!'라고 인지하면 실제로 더 잘 기억한다고 합니다. '말이 씨가 된다'는 말처럼 흔히 말에는 영혼이 깃들어 있다고 하죠. 이처럼 사람의 생각을 말로 바꿀 때 생기는 위력은 매우 강력합니다. 심리학에서는 '자기충족적 예언(self-fulfilling prophecy, 미래에 대한 기대와 예상에 부합하기 위해 행동하여 실제로 기대한 바를 현실화하는 현상-옮긴이)'이나 '플라시

보 효과(placebo effect, 약효가 없는 약품을 약효가 있다고 속이고 투약할 때 복용자에게서 약효가 실제로 나타나는 효과-옮긴이)', '공적 약속(public commitment, 목표나 소원을 이루려고 할 때 주변인에게 이를 알리면 혼자 노력할 때보다 이루어질 확률이 높아지는 것-옮긴이)' 등이 유명한데 이런 효과들은 과학적으로도 이미 증명되었습니다. 머릿속에 지식을 집어넣으면서 '이건 중요하니 절대 까먹지 말아야지'라고 우리 뇌가 의식하도록 만드는 것이 중요하다는 것을 보여주는 셈이죠. 이 책이 실질적으로 독자 여러분에게 도움을 주고자 하는 것도 바로 이런 점입니다.

이 책을 읽는 여러분뿐만 아니라 앞으로도 계속 공부할 저 자신을 위해 정성을 다해 썼습니다. 공부가 그렇게도 하기 싫었던 고등학생 시절의 제가 '이 책을 진작에 읽었더라면!' 하고 땅을 치는 내용이 되도록 말입니다. 끝까지 읽어주신다면 더없이 기쁠 것입니다.

이 책이 지금 공부를 하고 있거나 앞으로 다시 공부를 시작할 계획이 있는 분들 모두에게 도움이 되길 바랍니다.

차례

Chapter 3

공부의 시작은 의욕을 불러일으키는 것부터

차례

Chapter 1

공부하는 뇌를 만드는
가장 효과적인 방법

기억력을 25퍼센트
더 높여주는 습관

"하루종일 책상 앞에 앉아 있다고
공부가 잘되는 건 아니다."

두뇌의 기능을 최대로 높이는 열쇠는 뇌 혈류량에 있다

공부법이라고 하면 아무래도 세계 굴지의 최정상 대학으로 알려진 미국 하버드대학교나 영국 케임브리지대학교, 혹은 각 나라에서 손꼽히는 우수한 대학교에 다니는 학생들의 공부법이 궁금하죠. 아마도 먹고 자는 시간까지 아껴가며 하루종일 책상 앞을 떠나지 않을 것 같습니다.

그런데 의외로 우수한 학생일수록 밤이고 낮이고 책상 앞에 앉아서 책만 보며 무조건 외우기만 하는 건 아닙니다.

인상적인 점은 공부를 시작하기 전이나 휴식시간에 가볍게 운동을 하거나 산책을 하는 사람이 생각보다 많다는 사실입니다. 제 주변의 뛰어난 연구자나 대학교수 중에도 걷기를 좋아하는 사람이 많습니다.

애플 창업주인 스티브 잡스가 산책을 좋아했다는 건 잘 알려져 있는데요. 페이스북 창업자인 마크 저커버그도 산책하는 습관이 있습니다. 산책은 집중력과 기억력을 높이고 영감을 주며 인풋과 아웃풋을 모두 극대화하는 효과가 있다고 합니다.

그럼 산책에 그런 효과가 있는 이유는 무엇일까요?

핵심은 뇌 혈류에 있습니다. 산책하면 뇌의 혈액순환이 좋아지면서 혈액이 충분히 공급되고 결과적으로 뇌가 활성화되는 것입니다.

미국 일리노이대학교의 살라스 연구진은 다음과 같은 실험을 했습니다.

실험 참가자를 두 그룹으로 나누어 단어를 외우는 실험을 했다. 외우기 전 한 그룹은 10분 동안 걷고, 또 다른 그룹은 10분 동안 앉아서 풍경 사진을 보게 했다. 단어를 외운 다음 다시 10분 동안 각각 똑같

결과를 보았더니, 걷기 그룹이 앉기 그룹보다 성적이 25퍼센트 높은 것으로 나타났습니다. 그리고 단어를 외운 뒤의 행동을 서로 바꾸어도, 즉 걷기 그룹에게 풍경 사진을 보게 하는 식으로 바꾸어도 결과는 마찬가지였습니다.

뇌는 산소와 당분을 에너지로 사용합니다. 산소는 혈액을 타고 뇌까지 운반됩니다. 따라서 공부를 시작하기 전에 몸의 혈액순환을 원활하게 하면 혈액이 뇌로 많이 운반되면서 공부 효율이 향상되는 것입니다.

그렇다면 산책 아닌 다른 운동을 하는 건 어떨까요? 걷기뿐만 아니라 뛰기나 수영 등 다른 운동으로도 혈류량을 증가시키는 효과를 얻을 수 있습니다. 다만 너무 지친 몸으로 공부하는 것은 바람직하지 않습니다. 오히려 역효과를 낼 수도 있지요. 그러므로 체력이 약하거나 운동을 좋아하지 않는 사람은 가볍게 걷기부터 시작해보는 것이 좋습니다.

이 방법은 공부는 물론이고 발명하거나 창작 아이디어를 떠올리는 데도 도움이 됩니다. 실제로 제 주변의 작가나 만화가 중에도 걷기와 운동을 생활습관으로 실천하는 분들이 매우 많습니다. 여러분도 적당히 몸을 움직여서 의식적으로 뇌에 혈액을 공급하여 공부 효율을 높이시길 바랍니다.

한 줄 정리

공부를 시작하기 전 잠깐의 산책이나 가벼운 운동으로 두뇌를 적절히 예열하면 공부 효율이 향상된다.

공부하는 뇌를 만드는 가장 효과적인 방법

공부가 안 되면
목욕을 해야 하는 이유

"외워도 외워도 금방 잊어버린다면 주목!"

기억력을 강화하는 세타(θ)파를 늘리는 방법

책상에 앉아서 단어를 외울 때는 금방 까먹었는데, 목욕하면서 외울 때 훨씬 더 머리에 잘 들어왔던 경험이 있으신가요? 목욕하면 기분전환이 되니까 그런 효과를 볼 수 있을 것도 같습니다.

정확히 말하자면 이러한 현상은 뇌파의 일종인 세타파의 영향 때문에 그렇습니다. 미국 캘리포니아공과대학교 루티스하우저 박사팀의 연구를 소개하겠습니다.

8명의 실험 참가자에게 사진 100장을 준비해 1초마다 1장씩 보여주고 15~30분 뒤 100장을 더 보게 했다. 그중의 절반은 새로운 사진으로 바꾸었는데 이미 봤던 사진이 무엇인지 그리고 그 답변에 얼마나 자신이 있는지를 질문했다.

참가자들이 질문을 받을 때 나오는 뇌파를 측정한 결과, 세타파가 나올 때 해마 등의 부위가 가장 활성화된다는 사실이 밝혀졌습니다. 해마는 새로운 사실을 학습하고 기억하는 중요한 부위입니다.

또한 일본 도쿄대학교의 도즈카 연구팀은 해마에 세타파가 전달되면 뉴런으로의 분화가 촉진된다는 사실을 실험으로 규명한 바 있습니다.

신경줄기세포가 뇌를 구성하는 신경세포인 뉴런으로 분화되는 것을 '신경 발생(neurogenesis)'이라고 합니다. 신경 발생은 뇌에 새로운 세포가 만들어지고 확장한다는 것을 의미합니다. 말하자면 뇌가 활발히 움직인다는 뜻이겠죠. 1906년 노벨상 수상자인 스페인 과학자 라몬 이 카할에 의해 뉴런이 발견된 이후로 한동안 신경 발생은 어릴 때만 일어나는 것으로 여겨졌는데, 현재는 어른이 된 이후로도 뉴런이 증가한다는 사실이 밝혀졌습니다.

도즈카 연구팀의 연구 이전에도 여러 연구를 통해 공부를 하면 할수록 머리가 좋아진다는 사실이 알려져 있었습니다. 즉 과학적으로도 공부를 하면 할수록 머리가 좋아진다는 것이 이미 증명되어 있었는데, 위에서 소개한 두 연구에서 그 이유가 세타파의 작용 때문임을 규명한 것이죠.

세타파는 학습처럼 새로운 것에 집중하는 작업을 할 때 발생하는 뇌파입니다. 그리고 이 세타파는 소파에 편히 앉아 있을 때나 목욕을 하는 등 이완할 때도 발생하고 많아진다는 것이 밝혀졌습니다. 목욕할 때 외운 것이 나중에 더 잘 기억난다고 느끼는 것은 이러한 이유 때문입니다. 욕조에서 목욕할 때는 물론이고 푹신한 소파에 앉아서 편안한 마음으로 암기하는 것도 좋겠죠.

'욕조에서 교재를 이것저것 펴놓고 공부하는 게 가능해?'라고 생각하는 독자들이 많을 겁니다. 물론 그러기는 쉽지 않지요. 하지만 간단히 단어를 외우는 정도라면 분명 효과가 있을 것입니다. 최근에는 반신욕을 하면서 책을 볼 수 있게 만든 여러 아이템이나 물에 젖지 않는 종이로 만든 책도 있다고 합니다. 공부 시간 내내 욕조에 들어가 앉아 있을 수는 없더라도, 재미 삼아 한번 시도해보는 것도 좋겠습니다. 의외의 효과에 깜짝 놀랄 수도 있으니까요.

한 줄 정리

잘 안 외워지는 부분이 있을 때 공부 장소를 책상에서 욕실로 바꾸면 의외로 머리에 잘 들어올 수 있다.

몽글

몽글

공부하는 뇌를 만드는 가장 효과적인 방법

어떻게 하면 공부한 내용이
머릿속에 착 달라붙을까

"간편한 교재를 고를 것이냐,

불편하지만 효과 좋은 교재를 선택할 것이냐."

종이로 읽어야 더 이해도 잘되고 잘 외워진다

'전자책이 편하긴 한데 이상하게 머리에 잘 들어오지 않는다',

'전자책보다 종이책으로 읽는 게 기억에 더 잘 남는 것 같다',

'확실히 기억하고 싶은 내용은 꼭 종이책으로 읽는다.'

혹시 평소 이런 생각으로 종이책으로 읽는 습관을 유지하고 있다면 아주 현명한 선택을 하고 있다고 칭찬하고 싶네요.

종이로 읽는 것이 스마트폰이나 컴퓨터 화면으로 보는 것보다 머릿속에 더 잘 입력된다는 것은 이미 입증된 사실입니다.

노르웨이 스타방에르대학교의 망겐 연구팀은 종이와 화면

이라는 디바이스 차이에 주목하여 72명의 10학년(고등학교 1학년에 해당)을 대상으로 아래와 같은 실험을 수행했습니다.

소설과 설명문의 독해문제, 단어이해문제('housecareseafree'처럼 하나로 쭉 이어진 문장을 단어로 쪼갬) 및 어휘력 문제를 출제했다. 소설과 설명문의 독해문제는 4주 뒤 사후 조사를 했다. 시험은 종이와 모니터로 보는 PDF(1400~1600단어의 텍스트)로 실시했다.

그 결과 종이로 읽는 것이 내용에 집중이 더 잘되었고 이해도도 높았으며 외우기도 쉬운 것으로 나타났습니다.

이 논문에 따르면, 스크롤을 내리며 글을 읽는 방식은 내가 지금 읽고 있는 부분이 전체의 어디에 해당하는지 공간적으로 파악하기 어렵고, 그것이 이해를 가로막는 요인이 된다고 합니다. 역으로 스크롤이 필요 없는 짧은 문장이라면 발생하지 않는 문제일지도 모르겠습니다. 망겐 교수는 '화면으로 읽기'가 문장을 읽는 것 자체로는 별다른 부정적인 영향을 미치지 않지만, 충분한 이해가 필요한 경우라면 종이책이 낫다는 결론을 내리고 있습니다.

최근에 문장을 읽고도 그 의미를 이해하지 못하는 사람이 늘고 있다는 기사를 종종 접하게 됩니다. 아무래도 스마트폰을 비롯한 모바일 기기가 많이 보급되고 영상문화가 발달한 것이 원인이 아닐까 싶습니다. 유튜브나 틱톡 같은 매체가 현대인의 생활에 깊게 뿌리내리면서 영상을 보는 시간이 압도적으로 늘어났습니다. 이런 변화 때문인지 요즘은 글을 읽기가 싫다는 학생을 쉽게 볼 수 있습니다. 긴 글을 읽거나 쓸 일이 별로 없고, 메신저나 SNS에서 단문 형태로 주고받는 일이 대부분인 생활을 하는 것입니다.

입시나 자격시험에 나오는 제시문의 의도를 읽고 파악해내는 것은 문제를 풀어내는 기본 중의 기본입니다. 내용을 이해하지 못하면서 정답을 알아내기란 불가능에 가깝죠. 독해력과 집중력에 문제가 있다면 종이로 된 교재로 공부하는 것을 추천합니다.

한 줄 정리

반드시 외워야 하는 부분이 있거나 이해력을 높이고 싶을 때는 종이로 출력해서 읽는다.

04

배워서 남 준다는 생각이
몰입도를 높인다

"나만을 위한 공부는 오래가지 않는다."

배움과 가르침은 동전의 양면

열심히 외운 내용을 누군가 나에게 물어보았는데 막상 설명하려니 떠오르지 않아 난감했던 적이 있지 않나요? 기껏 외웠는데도 외운 것이 머릿속에 정리되지 않고 뒤죽박죽인 상태로 있으면 오래가지 않고 결국 잊어버리게 됩니다.

남을 가르치는 일이란 내용을 확실히 이해하고 인풋된 정보가 머릿속에 잘 정리되어 있어야 가능한 행위입니다. 그래서 '나중에 남을 가르쳐야 한다'라고 의식하면서 공부하면 그것만으로도 학습효과가 향상됩니다.

공부하는 뇌를 만드는 가장 효과적인 방법

다음에 소개하는 연구 결과는 이를 뒷받침합니다. 미국 세인트루이스 워싱턴대학교 존 네스토즈코 연구팀이 실시한 실험입니다.

56명의 대학생을

① 나중에 남을 가르칠 것을 전제로 한 그룹
② 나중에 시험 치는 것을 전제로 한 그룹
③ 아무 전제도 없는 그룹

으로 나누고, 어떤 전쟁 영화를 묘사하는 1541개 단어로 된 문장을 읽게 했다. 잠시 다른 일을 하게 한 뒤 그 전쟁 영화에서 배운 내용에 대해 자유 기술과 함께 단답식 시험을 보게 했다.

실험 결과, 자유 기술과 단답식 시험 모두에서 ① 그룹의 성적이 가장 좋았습니다.

가르치는 행위라고 하면 배우는 사람에게 단순히 알고 있는 지식이나 기술을 일방적으로 전달하는 작업이라 생각하기 쉽습니다. 하지만 사실 배움과 가르침은 동전의 양면과 같습니다.

저는 대학생 때 학원 강사로 일하기 시작해 지금까지 30년 이상 가르치는 일을 업으로 삼고 있습니다. 가르치는 일이란 곧 배우는 일이라는 것을 늘 절감하고 있습니다.

잘 가르치기 위해서는 내용을 제대로 이해해야 합니다. 친구나 동생에게 공부를 가르쳐주겠다고 나섰다가 낭패를 본 경험이 있다면 단번에 공감할 것입니다. 분명 아는 내용인데 설명하려고 하면 머릿속이 하얘지고, 이것인지 저것인지 헷갈려서 결국 책을 다시 찾아봐야 하는 일이 생기지요.

배우는 사람이 질문해올 때 오히려 그 질문으로 제가 배우는 경우도 적지 않습니다. 그리고 가르치는 동시에 머릿속이 정리되면서 스스로 이해가 깊어지는 효과도 있습니다.

네스토즈코 실험에서 흥미로운 점은 공부할 때 나중에 남을 가르칠 것이라고 '생각만 해도 된다'는 사실입니다.

이를 의식하면 긴장감과 집중력, 주의력을 더 발휘하면서 배우게 되고 깊이 생각하게 됩니다. 그리고 '잊어버리면 가르칠 수 없다'라는 긴장감 때문에 단기기억이 강화되고 뇌가 이를 확실하게 장기기억으로 이행시켜야 한다는 필요성을 인식하게 되는 것이죠.

여러분도 뭔가를 배울 때 나중에 누군가를 가르쳐야 한다고 생각해보시기 바랍니다.

단, 계속 생각하는 것에만 그치면 뇌가 그러한 상황에 익숙해지면서 '이건 거짓'이라 판단할 수 있습니다. 그러므로 가끔은 실제로 누군가에게 설명하거나 가르치는 기회를 일부러 만들어보는 것도 좋습니다. 친구들끼리 서로 자신 있는 부분을 가르쳐주거나 하는 식으로 말이지요. 그러면 더 좋은 효과를 얻을 수 있을 것입니다.

한 줄 정리

나중에 누군가에게 가르칠 생각으로 뭔가를 배우거나 외우면 학습효과가 훨씬 커진다.

뇌가 좋아하는 공부 사전

공부하는 뇌를 만드는 가장 효과적인 방법

05

공부 뇌를 만드는
독서 습관은 따로 있다

"많이 읽는 것보다 중요한 건 어떻게 읽느냐다."

책 읽기와 성적, 과연 관계가 있을까?

외워도 금방 까먹어서 고민인가요? 그건 외운 내용이 뇌에 자리를 잡지 못했기 때문입니다.

'암기한 내용을 오랫동안 기억하려면 공부하는 방법을 바꿔야 하나요?'라고 묻는 분들이 있는데, 그보다 더 효과적인 다른 방법이 있습니다. 심지어 근무 시간이나 공부 시간이 아닌 자투리 시간을 활용해서 암기 효율을 올리는 방법인데요, 바로 책 읽기입니다.

일본 문부과학성의 위탁으로 시즈오카대학교가 실시한 대

규모 조사 데이터가 이를 입증하는데요. 지금부터 소개합니다.

초등학생 114만 4548명, 중학생 107만 2481명을 대상으로 학생의 책 읽기와 TV 시청, 게임, 학습 활동을 조사했다. 아울러 학교의 독서환경과 지도방법도 조사하여 교과(국어·연산·수학) 학력과의 관계와 그에 미치는 영향을 밝혔다.

자세한 내용은 문부과학성 홈페이지에서 볼 수 있는데, 내용을 요약하자면 '책을 읽으면 성적이 오른다'는 것입니다.

'책 읽기를 좋아하는가'라는 질문에 대한 응답과 시험에서의 정답 개수를 살펴보았을 때, 모든 과목에서 평균 정답 개수는 책 읽기를 '좋아한다', '다소 좋아한다', '다소 싫어한다', '싫어한다'의 순으로 많았습니다. 책 읽기를 좋아하는 사람이 시험에서도 좋은 성적을 내는 것이지요. 외운 내용을 금방 잊어버려 고민이라면 책을 읽기 바랍니다.

너무 뻔해 보여서 실망했나요? 그런데 '얼마나 책을 읽어야 하는가'가 기준이 되면 이야기가 조금 달라집니다.

평일 독서 시간에 대한 질문의 응답 항목은 다음 여섯 항목이었습니다.

① 2시간 이상

② 1시간 이상 2시간 미만

③ 30분 이상 1시간 미만

④ 10분 이상 30분 미만

⑤ 10분 미만

⑥ 없음

평일 독서 시간과 시험 정답 개수의 관계를 나타내는 그래프를 살펴보았을 때, 우상향이 아닌 산 모양을 그리는 것으로 나타났습니다. 즉 ⑥뿐만 아니라 ①에서도 정답 개수가 줄어드는 현상이 나타난 것이죠.

이는 하루 중 책을 읽을 수 있는 시간과 관계가 있는 것으로 여겨집니다. 2시간 이상 책을 읽으면 어쩔 수 없이 공부 시간이 줄어들고, 정답률이 떨어진다는 것이지요.

이 조사 보고서는 '독서 활동이 성적에 미치는 직접적인 영향력은 기본적으로 미미하다. 그러나 독서 활동은 학습 활동에 큰 영향을 미치고 있으며 이것이 간접적으로 교과 학력에도 영향을 주고 있다. 학습 활동에 미치는 정도만큼은 아니더라도 어느 정도 직·간접적 영향이 확인된 것은 전반적인 독서 활동의 유효성을 제시한 것이라 볼 수 있다'라고 결론 내리고 있습니다.

독서는 스스로 사고하는 힘을 키워 공부에 간접적으로 도움을 주기도 합니다. 또 휴식시간의 독서는 기분전환 효과를 가져다주기도 하지요. 학교 공부가 아닌 또 다른 배움을 얻는 데에도 책 읽기는 유용합니다.

한편 평일 공부 시간이 동일한 학생들의 평일 독서 시간을 비교해 보았더니, 중학교 수학 외의 과목에서는 10분 이상 책을 읽는 학생이 거의 읽지 않는 학생보다 성적이 높은 것으로 나타났습니다.

이런 관점으로 볼 때 공부 이외의 여가를 어떤 취미활동으로 보내느냐가 중요한 것 같습니다.

일본 게이오대학교 다나카 연구팀이 1만 5000명을 대상으로 실시한 대규모 조사에서 학생들의 평일 평균 게임 시간은 1시간이며, 1시간 미만인 학생은 진학 실적이 더 우수하다는 것이 밝혀졌습니다.

즉 어떤 취미든 공부 시간을 방해할 만큼 몰두하는 것은 결과에 긍정적인 영향을 주지 않는다는 것입니다.

책 읽기든 게임이든 여러 취미활동을 기분전환용으로 잘 활용하여 공부에 소홀해지지 않도록 주의한다면, 성적에도 좋은 결과를 가져다줄 것입니다.

한 줄 정리

금방 잊어버리지 않는 뇌가 되게 하려면 책을 읽는 것이 좋다.
하루 30분 책 읽기 습관으로 뇌가 바뀐다.

06

만화가 공부에
미치는 영향

"처음 접하는 낯선 분야의 공부는
쉬운 방법으로 시작하자."

똑같은 내용이라도 만화로 읽으면

문장만 있을 때보다 더 잘 이해된다

"글씨만 빽빽하게 있는 교재는 읽기가 너무 힘든데, 만화로 된 교재로 공부해도 괜찮을까요?"

학생들에게 이런 질문을 많이 듣습니다. 만화가 무조건 좋다고는 할 수 없지만, 공부에 활용할 수 있는 만화도 분명 있습니다. 요즘은 시중에 학습만화도 많이 나와 있고, 학습문제지에 만화가 그려져 있는 경우도 많습니다. 영상이나 이미지에 익숙한 요즘 학생 세대에게는 당연한 일일 것입니다.

다음은 일본 도야마대학교 고고 도모코와 고고 치하루의 연구를 통해 밝혀진 만화의 학습효과입니다.

대학생이 읽기에 재미있고 난이도도 적당하며 학습 거리와 이야기가 모두 적절하게 들어 있는 에피소드로 《맛의 달인》(카리야 테츠·하나사키 아키라) 제37권에 수록된 〈알칼리성 식품의 진실〉을 선정했다. 그 내용을 스토리 부분(약 16페이지)과 학습 내용 부분(약 5페이지)으로 나누고, 학습 내용 부분은 만화 원작에 충실하게 글로 옮긴 것도 함께 준비했다. 대학교 1, 2학년 97명을 다음의 네 그룹으로 나누어 만화 또는 줄글을 읽게 했다.

① 학습 내용 부분과 스토리 부분을 모두 만화로 보여줌
② 학습 내용 부분을 만화로 보여줌. 스토리 부분은 삭제
③ 학습 내용 부분은 줄글, 스토리 부분은 만화로 보여줌
④ 학습 내용 부분을 줄글로 보여줌. 스토리 부분은 삭제

학생들에게 자료를 읽게 한 후 회수하고 학습 내용 부분에서 출제한, 응답에 요구되는 이해도가 서로 다른 문제들(시험 A : 추론이 필요 없음, 시험 B : 추론이 필요함, 시험 C : 새로운 상황에 대한 지식 응용이 필요함)

시험 성적을 살펴보니, 학습 내용과 스토리를 모두 만화로 읽은 그룹의 성적이 더 높았습니다.

우선 학습 내용을 만화로 읽으면 이해도가 높아지는 것으로 밝혀졌습니다. 글로만 읽은 그룹은 일주일 뒤 시험에서 점수가 20퍼센트 떨어졌고, 특히 추론이 필요한 시험 B에서는 점수가 40퍼센트 떨어졌습니다. 이러한 결과를 볼 때, 학습 내용을 만화로 익히는 것은 기억력에도 효과가 있는 것으로 기대됩니다.

시험 B와 시험 C에서는 스토리를 만화로 읽는 것이 성적을 유의미하게 높여주는 것으로 나타났습니다. 스토리 전개와 함께 학습 내용 부분을 읽어나가는 것이 더 깊이 이해할 수 있도록 하는 것으로 보입니다.

다만 우리가 잊어서는 안 될 것이 있습니다. 시험 문제는 기본적으로 줄글로 출제된다는 사실입니다. 따라서 글만 읽고도 내용을 파악하는 힘을 기르는 것이 반드시 필요합니다. 문장 읽기가 어렵더라도 계속 반복해서 익숙해지도록 노력하고, 만화로 된 교재는 보조교재로 활용하는 것이 문해력을 높이면서도 공부에 대한 흥미를 잃지 않는 길입니다.

한 줄 정리

글로만 쓰인 교재가 머리에 잘 안 들어온다면 학습만화로 읽어본다.

07

기억과 학습의 영역,
해마를 확장하는 비결

"몸을 움직이면 정신도 따라서 움직인다."

기억력 향상과 기분전환에 좋은 음악과 춤

앞에서 공부를 시작하기 전에 산책을 하면 공부 효율을 높일 수 있다고 했던 것, 기억하시나요? 그럼 걷기 이외의 다른 운동은 어떤 효과가 있을까 궁금해하는 분들이 많을 것입니다. 이 질문에 좋은 참고가 되는 연구가 바로 독일 신경변성질환 센터 레펠트 박사팀의 연구입니다.

63~80세의 건강한 실험 참가자 26명에게 주 1~2회 90분의 프로그

이 프로그램을 수행한 전후로 기억과 학습을 관장하는 뇌 부위인 해마의 변화를 관찰한 결과, 보통 나이가 들면서 위축되는 해마가 두 그룹 모두에서 확장되었고 특히 춤을 춘 그룹에서 더 커져 있었습니다.

이 연구에 참가한 사람들은 고령자이지만, 젊은 사람에게도 중요한 점을 시사합니다.

타고난 체력으로 커버할 수 있는 것은 기껏해야 30대까지입니다. 운동하지 않으면 몸은 계속 쇠약해지므로, 나이 들어서도 공부를 계속할 수 있는 체력을 유지하기 위해서는 운동습관과 정기적인 건강검진이 필수입니다.

그 외에도 영국 요크대학교의 캠피언과 셰필드대학교의 레비타가 수행한 연구에 따르면, 5분 동안 춤을 췄을 때 긍정적인 사고는 증가하고 부정적인 사고는 감소하여 피로회복에도 효과가 있다고 합니다.

실험에서는 56명의 남녀를 대상으로 각각 5분 동안 ① 춤추기 ② 음악 듣기 ③ 실내자전거 타기 ④ 조용히 쉬기의 네 가지 활동을 수행하도록 했습니다. 그리고 각 실험 전후로 기분과 창의력, 이제까지의 경험 등을 질문하는 서면 조사와 함께 심장박동수를 측정했습니다.

그 결과 춤과 음악은 긍정적인 사고를 높이고 부정적인 사고를 줄이는 것으로 나타났습니다.

그 외의 다른 연구에서도 춤은 조현병이나 우울증 개선에도 효과가 있는 것으로 나타났습니다. 이런 결과에 비추어볼 때, 춤이 정신건강을 유지하는 데 도움이 될 것이라 예상됩니다. 입시나 자격증 시험을 준비하는 수험생은 정신적인 스트레스도 만만치 않을 것이니 그 대책으로 춤을 추는 것도 좋겠습니다.

'기분 좀 좋게 하겠다고 춤까지 춰야 해? 나처럼 내성적인 사람에겐 무리라고.' 혹시 이런 생각이 드나요?

하지만 최근의 과학 연구들은 하나같이 '몸이 먼저, 뇌는 나중'이라는 결론을 내리고 있습니다. 내성적인 성격이라도 일단 음악에 맞춰서 몸을 움직여보세요. 몸이 자연스럽게 리듬을 타기 시작할 것입니다. 공부하다가 피곤해지면 춤으로 기분전환을 해보세요. 덩달아 공부 효율도 올라갑니다.

한 줄 정리

춤은 기억력을 담당하는 해마를 확장시키고 공부 의욕도 높여준다.

홋타 교수의 공부 비결

뇌의 순화를 막는 휴식법

인간의 뇌에는 순화라고 하는 시스템이 있습니다. 어떤 경험이든 반복되면 뇌가 익숙해져 버리는 것이죠. 순화는 뇌가 피로해지지 않도록 정보를 자동으로 처리하고, 뇌가 스트레스를 덜 받도록 하는 데 매우 효과적입니다. 그러나 순화는 학습에는 부정적으로 작용합니다.

공부하다 보니 처음엔 재미있었는데 점점 지루해진 경험이 있다면 이것이 바로 순화 작용에 따른 것입니다. 그럼 이를 극복하려면 어떻게 해야 할까요?

핵심은 되도록 똑같은 활동을 계속하지 않는 것입니다.

예를 들어 한 과목에만 집중하지 않고 여러 과목으로 분산해서 공부하는 것이죠. 같은 과목이라도 노트에 필기하거나 눈으로 읽거나 듣거나 소리 내서 읽는 등 여러 방법을 동원하면서 하는 것입니다. 그리고 제 경험상 가장 간단하면서 쉬운 방법은 지루해지면 일정 시간 휴식을 취하는 것입니다.

유학 시절 제가 롤모델로 삼았던 선배는 초인적인 공붓벌레였습니다. 그런데 그 선배는 2시간마다 한 번씩 반드시 휴식을 취했습니다. 저도 따라서 선배가 쉬려고 일어나면 같이 일어나 함께 휴게실로 가곤 했습니다.

그로부터 30년 가까이 흘렀지만 지금까지도 저는 그 선배의 습관을 충실히 따르면서 업무 도중 꼭 휴식을 취하려고 노력합니다. 제가 지치지 않고 늘 새로운 마음으로 논문을 읽거나 새 저서를 집필하는 등 의욕적으로 일할 수 있는 까닭은 그 선배의 휴식법 때문이라고 생각하고 있습니다.

Chapter 2

핵심 공부 기술,
기억력·암기력·집중력 장악하기

절대 잊어버리지 않는
가장 확실한 방법

"기억은 근력운동 같은 것,
'이건 중요해'라고 되뇌면서 외우자."

뇌가 중요하지 않다고 판단하면 금방 잊어버린다

"조금 전까지 기억했었는데 그새 까먹었네."

"꼭 중요한 순간에 생각이 안 난다니까!"

어렵게 공부했는데 잊어버린다면 이보다 억울한 일은 없겠죠.

우선 아예 안 외워지는 까닭과 외웠는데 잊어버리는 현상에 대해 설명하겠습니다. 여기에는 단기기억과 장기기억이라는 차이가 있습니다.

단기기억은 뇌의 해마에서 일시적으로 기억됩니다. 그리고 이 정보가 대뇌 신피질에 전달되어 장기기억으로 바뀝니다.

이 작용이 뇌에 입력된 모든 정보에 공통적으로 적용되는 것은 아닙니다. 단기기억의 시점에서 해마가 정보의 중요도를 판단해, 중요한 정보일수록 확실히 기억하기 위해 대뇌 신피질로 전달되어 장기기억으로 바뀌게 됩니다.

역으로 말하면, 해마가 중요한 정보가 아니라고 판단하면 아무리 중요한 내용이라 해도 장기기억으로 정착되기 어렵다는 이야기가 됩니다.

앞에서 만화의 스토리텔링 효과를 소개했는데요, 이것도 마찬가지 논리로 설명할 수 있습니다. 스토리텔링의 힘으로 학습 내용 부분이 뇌리에 깊게 박히면서 이야기 부분을 읽지 않은 학생보다 기억의 정착 효과가 커진 결과라 할 수 있습니다.

음악이나 책, 만화, 영화 등도 '고등학교 때 단짝 친구가 빌려주었던 만화책', '헤어진 옛사랑과 마지막으로 본 영화'처럼 인상적이거나 충격적인 에피소드와 얽힐수록 오래 기억에 남기 마련입니다. 이러한 기억이 바로 캐나다 토론토대학교의 달빙이 주장한 '에피소드 기억'입니다.

하지만 음악이나 책 같은 예술 창작물과 달리 어쩔 수 없이 해야 하는 공부를 감동이나 충격과 연결하기란 쉽지 않은 일입니다. "이 공식의 아름다움에 감동해서 수학에 빠졌다"와 같은 에피소드 기억이 있는 수학자들도 물론 있긴 하지만 흔한 일은 아니죠.

그렇다면 평소 공부를 하면서 깊은 인상을 남길 수 있는 방법은 무엇일까요? 다소 진부할 수도 있겠지만(그리고 실망할 수도 있겠지만) 역시 복습밖에 없습니다.

기억은 근력운동과 비슷합니다.

'이 부분은 중요해'라고 스스로 되뇌면서 '이건 꼭 외워야지' 하고 몇 번이고 반복하면 근력운동으로 근육이 굵어지는 것처럼 기억도 강화됩니다. 그리고 복습할 때도 뇌에 깊은 인상을 남겨야 한다고 의식하면서 복습한다면 잘 잊히지 않는 기억으로 바뀝니다.

한 줄 정리

까먹는 것은 꼭 외워야 한다는 의지가 약하기 때문이다. 중요하다고 의식하면서 공부하면 잊어버리지 않는다.

09

복습 효과를 극대화하는
확장분산학습

"인간은 망각의 동물, 뇌를 탓하지 말고
올바른 방법을 찾자."

"잊어버리지 않으려면 복습해라."

이 명제는 굳이 과학적인 데이터를 살피지 않아도 누구나 인정할, 거의 진실이라 해도 무방할 것입니다. 딱 한 번의 공부만으로 내용을 완벽하게 외우기란 쉽지 않으니까요.

문제는 복습을 어떻게 하느냐입니다.

선생님이나 부모님에게 '복습은 배운 그날 바로 해야 한다'고 들은 독자분들도 있을 것입니다. 그런데 연구에 따르면 공부한 내용을 몰아서 복습하고 끝내는 집중학습보다는 일주일 뒤, 2주 뒤, 한 달 뒤 하는 식으로 짬짬이 복습하는 분산학습이 더 효과적이라고 합니다.

에빙하우스의 망각곡선이라고 들어보셨나요? 독일의 심리학자 헤르만 에빙하우스가 주장한 것으로, 잊어버리기까지의 시간과 기억의 관계를 나타낸 것입니다. 인간의 뇌는 공부한 것을 한 시간 뒤에는 56퍼센트 잊어버리고 하루 뒤에는 74퍼센트, 일주일 뒤에는 77퍼센트, 한 달 뒤에는 79퍼센트를 잊는다고 합니다. 즉 사람은 외운 그 순간부터 잊어버리는 동물이라는 것이죠.

그러니 한 번 집중적으로 공부하는 걸로는 뇌에 어지간히 깊게 박히지 않는 한 결국 계속 잊어버리게 됩니다. 시험처럼 시기가 정해져 있고 그 후에는 잊어버려도 상관없는 내용이라면 집중학습이 더 효율적일 수도 있지만, 계속 외우고 있어야 할 중요한 내용이라면 분산학습이 낫습니다.

스토리는 물론 배우의 세세한 대사부터 옷차림까지 모두 다 기억나는 드라마나 영화가 있지 않나요? 혹은 친구에게 술술 줄거리를 이야기할 수 있는 소설은 어떤가요? 어떻게 이런 것들은 시간이 지나도 이처럼 생생하게 기억이 날 수 있는 걸까요? 그 이유는 간격을 두고 몇 번씩 보고 읽기를 반복했기 때문입니다. 이것이 바로 분산학습의 효과입니다.

그럼 어떻게 분산시키는 것이 좋을까요?

분산학습에 관해 '확장분산학습'이라는 공부법이 장기기억에 효과적인 것으로 알려져 있었습니다. 확장분산학습이란 어떤 내용을 공부하고 여러 번 복습할 때 '1주 뒤 복습 / 2주 뒤 복습 / 3주 뒤 복습 / 4주 뒤 복습' 이렇게 똑같은 간격으로 복습하지 않고, '1주 뒤 복습 / 3주 뒤 복습 / 한 달 반 뒤 복습 / 3개월 뒤 복습'과 같은 형식으로 간격을 넓혀가면서 반복해 학습하는 것을 말합니다.

일본 릿쿄대학교의 나카타에 따르면 이와 같은 설이 제시된 배경으로 '인출연습효과(retrieval practice effect)'와 '인출노력가설(retrieval effort hypothesis)'이 있다고 합니다.

인출연습효과는 기억한 것을 정확하게 끄집어내면(인출) 장기기억으로 정착시키는 데 효과가 있다는 것입니다. A를 배우고 A에 대한 질문을 받았을 때, 틀린 답을 말할 때보다 A라고 정답을 말할 때 더 강하게 기억된다는 것입니다.

인출노력가설은 기억한 것을 끄집어내려고 할 때의 노력이

핵심 공부 기술, 기억력·암기력·집중력 장악하기

커질수록 장기기억 정착에 효과가 있다는 가설입니다. A를 배운 직후 A에 대한 질문을 받고 정답을 말할 때보다 1주 후에 같은 질문을 받고 정답을 말할 때 더 강하게 기억할 수 있다는 가설입니다.

이 두 가설은 모두 정답을 말할 때 더 잘 외워진다는 주장을 바탕에 두고 있는데, 일반적으로 더 애를 써서 생각해내기 위해 복습 간격을 띄우면 띄울수록 정답률은 떨어지게 됩니다. 그래서 이 균형을 잡기 위해서는 '간신히 잊어버리지 않고 기억할 수 있는 한계만큼의 기간을 띄워서 복습하는 것'이 효과적인 복습법이 된다는 것입니다.

그래서 첫 번째 복습으로 기억이 강화되었을 것이므로 다음 복습까지의 기간을 늘리고, 그다음도… 하는 식으로 확장분산학습의 효과가 주목받으면서 다양한 연구가 이루어졌습니다.

그런데 최근에는 확장분산학습의 효과에 의문을 제기하는 연구가 이루어지고 있습니다. 앞서 언급한 나카타도 그런 연구를 하고 있습니다. '그럼 대체 어떤 게 맞는다는 거야?' 하고 생각할 수도 있겠지만 이런 게 바로 과학적인 사고입니다.

약간 주제를 벗어나지만 '과학적'이라는 것은 반드시 절대적인 하나의 정답을 제시하는 것은 아닙니다. 학문의 세계에서는 과거에는 누구나 진실로 인정하던 것이 훗날 틀린 것이 되기도 하고, 또 다른 새로운 진실이 등장하기도 합니다.

그래서 '과학'을 할 때는 이런 사실을 받아들이고 성실하게 나름의 정답을 찾아내려는 자세가 중요합니다. 이 책의 내용도 그와 같은 시각으로 참고삼아 활용해주면 좋겠습니다.

한 줄 정리

단 한 번의 복습만으로 공부한 내용을 모두 기억할 수 있을 거라 기대하지 말고, 까먹지 않으려면 복습은 띄엄띄엄 반복적으로 한다.

10

암기력을 향상시키는
의외의 동작

"기억의 인풋과 아웃풋을 강화하려면
강한 인상을 심어줄 것"

기억을 다스리는 좌뇌에 작용하는 오른손

단기기억과 장기기억에서 설명했듯이 복습에서도 공부할 때의 인상이 강하게 남을수록 더 잘 기억됩니다. 지금부터는 한 번 시도해보면 좋을 흥미로운 연구를 소개하겠습니다.

첫 번째로 소개하는 것은 미국 몽클레어주립대학교의 프로퍼 연구팀에 의한 연구입니다.

오른손잡이인 실험 참가자 51명에게 ① 고무공을 손으로 90초 동안 꽉 쥐게 한 다음 바로 단어 72개를 외우게 하고 ② 다시 한 번 고무공을 90초 동안 쥔 다음 바로 외운 단어를 떠올리게 하는 실험을 실시했다.

참가자는 다음의 다섯 그룹으로 나누었다.

A : 오른손으로만 공을 쥔다.

B : 왼손으로만 공을 쥔다.

C : ①은 오른손, ②는 왼손으로 쥔다.

D : ①은 왼손, ②는 오른손으로 쥔다.

E : 공을 쥐지 않고 두 손 위에 공을 얹어놓는다.

그 결과 가장 성적이 우수한 그룹은 오른손으로 공을 쥐고 암기한 후 왼손으로 공을 쥐고 떠올린 C 그룹이었습니다.

이는 오른손과 좌뇌, 왼손과 우뇌가 관련이 있어서 오른손이 기억의 인풋을 관장하는 좌뇌, 왼손이 기억의 아웃풋을 관장하는 우뇌를 자극함에 따라 C 그룹의 성적이 좋아진 것으로 추측됩니다.

이 실험 자체는 의심할 여지가 없지만, 왼손잡이를 대상으로 하거나, 사람마다 우세한 두뇌가 어느 쪽이냐에 따라 결과가 달라질 수도 있습니다. 그러므로 이 연구내용이 정확하다고 해도 C 그룹과 같은 방법이 누구에게나 징답은 이닐 수 있다는 점을 유념해야 할 것입니다.

그리고 사람은 점차 성장해가면서 이른바 단순 암기와 같은 '의미 기억'으로는 잘 안 외워지고 행동이나 경험과 엮인 '에피소드 기억'이 더 잘 외워진다고 합니다. 그런 면에서 볼 때 자주 반복하면 효과가 떨어질 수도 있지만, 처음으로 고무공을 쥐고 외웠던 내용은 고무공을 쥐었다는 에피소드와 엮이면서 더 잘 외워질 수도 있습니다.

이 방법을 시도해보고 효과가 괜찮다면 고무공 말고도 오른손을 그냥 꽉 쥐거나 펜을 강하게 쥐는 습관을 들이는 식으로 응용할 수도 있을 것입니다.

한 줄 정리

암기할 때 오른손으로 공을 쥐거나 주먹을 쥐기만 해도 기억력이 향상한다.

11

건망증을 개선하려면
간식도 골라먹어라

"약으로도 쓰였던 초콜릿은
작업기억을 개선시켜준다."

초콜릿을 고를 때는 카카오 플라바놀 함량을 주목

혹시 공부하면서 간식을 먹는 습관이 있나요? 저는 연구실에 초콜릿이나 과자를 늘 갖다 놓고서 논문을 읽거나 집필 도중에 종종 먹습니다. 그럴 때마다 '먹기만 해도 기억력이 좋아지는 음식이 있다면 얼마나 좋을까' 하고 생각하곤 했지요.

그런데 실제로 초콜릿에 기억력을 높이는 효과가 있는 것으로 확인되었습니다. 초콜릿 원료인 카카오는 과거 약재로 쓰였던 만큼 건강이나 기억에 관한 연구 결과가 많이 나와 있습니다. 여기서는 미국 컬럼비아대학교의 브릭만 교수팀이 진행한 연구를 소개하겠습니다.

69세의 피실험자 50명을 두 그룹으로 나눠 한쪽에는 카카오 플라바놀(flavanol)이 900mg 함유된 카카오 보조식품을, 다른 쪽에는 10mg 함유된 카카오 보조식품을 3개월 동안 섭취하게 한 뒤, fMRI(자기공명기능화상법)로 뇌 활동을 관찰했다. 그 결과 카카오 플라바놀을 더 많이 섭취한 그룹에서 작업기억 기능이 개선된 것을 관찰할 수 있었다.

역시 초콜릿은 뇌에도 좋습니다.

요즘 들어 자꾸 까먹어서 공부할 때 불안한가요? 초콜릿 먹는 습관을 들이는 것도 한 방법이 될 것입니다.

연구에서 조사한 성분은 '카카오 플라바놀'이라는 폴리페놀로 카카오 유래 성분입니다. 시중에 흔히 파는, 설탕이 많이 들어간 초콜릿의 경우 함량이 떨어질 수 있습니다. 따라서 건망증 해소를 위해 초콜릿을 먹을 때는 카카오 플라바놀의 함유량을 꼭 확인하세요. 설탕의 과잉 섭취는 몸에 해로우므로 카카오 함량이 높고 설탕이 적게 들어간 것이 좋습니다.

그럼 어떻게 먹는 것이 좋을까요?

본 연구를 비롯하여 초콜릿 즉 카카오 플라바놀이 시각정보 인지기능에 미치는 영향을 입증한 연구는 많이 있습니다. 독일 뮌헨 루트비히 막시밀리안대학교의 시드리츠키 연구팀은 카카오 플라바놀에서 망막의 혈류와 시력검사 결과에 대한 단기적인 영향은 관찰되지 않았다는 연구 결과를 발표했습니다.

이 연구 결과에 따른다면 초콜릿으로는 단기적인 효과가 아닌 장기적인 효과를 기대하는 것이 옳을 것입니다.

한 줄 정리

초콜릿을 먹으면서 공부하면 효율이 높아진다. 습관이 되면 기억력도 좋아진다.

12

소리 내어 읽기가
중요한 까닭

"오래 기억하기 위해 먼저 해야 할 일은
머릿속에 집어넣는 것."

소리 내어 읽으면 뇌로 인풋이 잘된다

소리 내어 읽기가 영어 실력 향상에 도움이 된다는 이야기를 들어본 적이 있을 것입니다. 그런데 이는 영어에만 국한된 이야기는 아닙니다. 소리 내어 읽기는 뇌의 인풋 효율을 높이는 효과가 있습니다.

공부한 내용을 잘 까먹어서 고민이라면, 소리 내어 읽기를 시작해보세요. 일본 후쿠오카교육대학교의 모리 연구팀이 실시한 연구를 소개하겠습니다.

핵심 공부 기술, 기억력·암기력·집중력 장악하기

대학생 60명을 대상으로 후쿠다 쇼지(쇼지 가오루)의 《상실》에서 발췌한 10줄의 문장을 소리 내어 읽기 또는 속으로 읽기(묵독)라는 제1 요인과 다음의 삽입학습조건에 의한 제2 요인을 조합했다.

① 《상실》에서 발췌한 10줄의 원문 학습 부분의 바로 뒤에 이어지는 23줄로 된 관련문 삽입학습
② 후쿠다의 다른 작품 《봉인은 화려하게》에서 발췌한 23줄로 된 무관련문 삽입학습
③ 《상실》에서 발췌한 10줄의 원문 학습 부분만 읽는다.

③은 10줄의 문장을 읽고 그 내용을 최대한 떠올리며 쓰게 한 자유 재생 후에 기억 테스트와 내용 독해 테스트를 실시했다. ①과 ②는 10줄의 문장을 읽은 후 관련문과 무관련문 학습자료를 배포하여 똑같이 읽게 하고 그 후 원문의 자유 재생과 기억 및 내용 독해 테스트를 실시했다.

모리는 소리 내어 읽기는 문장 전체를 그 자체로 기억하는 데 유효하나 그 효과는 일시적이며, 반면 속으로 읽기는 내용을 체계화하여 기억하는 데 유효하며 소리 내어 읽기보다 기

억이 오래 지속된다고 결론 내렸습니다.

즉 소리 내어 읽기는 영어단어 암기처럼 단기기익에 적합하고 속으로 읽기는 논문이나 문장의 독해, 장기기억에 적합하다고 할 수 있습니다.

'아니, 소리 내어 읽으라더니 그러면 별로 효과가 없는 것 아냐?'라고 생각하는 독자가 있을지도 모르겠습니다. 이 연구는 잘 까먹지 않으려면 소리 내어 읽기보다는 속으로 읽기가 좋다고 말하려는 게 절대 아닙니다. 왜냐면 일단 단기기억을 거쳐야 장기기억으로 넘어가기 때문에 '우선 머릿속에 넣는 것'이 중요하기 때문입니다. 둘 중 어느 것이 좋고 나쁘고의 문제가 아닙니다.

이 같은 관점에서 소리 내어 읽기의 효과를 입증한 연구는 많이 있습니다. 일본 도호쿠대학교의 가와시마는 초등학생을 대상으로 단어를 2분 동안 몇 개 외울 수 있는지 측정했습니다. 그랬더니 일반적으로는 평균 8.3개를 외우는 데 비해 2분간 소리 내어 읽은 뒤에는 평균 10.1개를 외웠다고 합니다.

소리 내어 읽기는 소리를 내고 그 소리를 귀로 듣기 때문에 속으로 읽는 것보다 뇌를 자극합니다. 계산 문제도 이와 비슷한 효과가 있어, 70세 이상의 고령자에게 소리 내어 읽기와 간단한 계산을 습관화시켰더니 전두엽 기능이 개선되었다는 연구 데이터도 있습니다. 특히 인풋에 영향을 주는 만큼 공부를 시작할 때 소리 내어 읽기로 뇌를 자극하면 더 좋은 효과를 기대할 수 있을 것입니다.

한 줄 정리

참고서나 자료 등을 소리 내어 읽으면 뇌가 자극되면서 이해력이 증가하고 기억력이 향상한다.

핵심 공부 기술, 기억력·암기력·집중력 장악하기

13

잘 까먹는 사람이
반드시 지켜야 할 공부 습관

"학습 내용은 손글씨로 정리하기."

최근에는 PC와 스마트폰으로 필기나 메모를 하는 사람이 많아졌습니다. 리포트나 제출 자료를 컴퓨터 문서로 작성해야 하니 당연한 흐름이겠지요.

하지만 기억할 내용이 머리에 잘 들어오게 하려면 손글씨로 쓴 메모나 노트 필기의 힘을 무시할 수 없다는 것이 아직은 주류를 이루고 있습니다.

이에 대한 근거를 실증적으로 제시하는 미국 프린스턴대학교의 뮬러와 캘리포니아대학교 로스앤젤레스캠퍼스의 오펜하

이머가 진행한 유명한 연구를 소개하겠습니다.

약 15분간 TED 강연을 본 남성 65명에게 내용과 무관한 과제를 두 개 정도 수행하게 하고, 동영상을 본 지 30분이 지난 후에 내용에 관한 질문을 던져 기억력을 시험했다. 실험 참가자는 TED를 보는 동안 내용을 메모했는데, 손글씨로 메모하는 그룹과 키보드로 입력하는 그룹으로 나누었다.

그 결과, 강연 내용을 노트에 손으로 쓴 학생들이 내용의 이해도와 기억력에서 더 좋은 결과를 나타냈습니다.

그 이유는 손글씨로 메모하는 사람은 키보드의 타자보다 기록 속도가 늦어지므로 나름대로 머릿속에서 정리하는 작업이 일어나기 때문이라고 합니다. 인출노력가설처럼 뇌 안에서 요약하기 위한 부하가 발생하여 기억 정착으로 쉽게 연결된다는 것입니다.

노르웨이과학기술대학교의 아스크비크가 실시한 유사 연구에서는 '펜으로 종이를 누르거나, 손으로 쓴 자기 글씨를 보거나, 글씨를 쓸 때의 소리를 듣거나 할 때 다양한 감각들이 활성화되는데, 이러한 감각적 경험이 뇌의 다양한 영역과 접점을 만들어내면서 뇌가 학습에 더 수월한 상태가 되도록 유도한다' 라고 했습니다. 즉 종이와 필기구 등의 도구 사용도 뇌를 자극한다고 볼 수 있습니다.

하지만 타이핑의 기록 속도도 강력한 무기이므로 무조건 손글씨만이 좋다고는 할 수 없습니다.

디지털 디바이스는 빠른 속도로 진화를 거듭하고 있습니다. 아이패드와 애플 펜슬 등을 사용해서 손글씨로 메모를 하는 사람도 많아지고 있습니다. 디바이스의 발전과 연구 속도를 훨씬 뛰어넘는 신기술의 탄생으로 과학이 말하는 필기 방법에 대한 정답 역시 계속해서 달라질 가능성도 충분히 있습니다.

예를 들어 센탄과 고쿠요 S&T 주식회사, 일본 히로시마대학교의 이도야가 진행한 공동연구에서는 태블릿PC에 필기를 하면 종이에 쓴 후 글자를 확인하는 것보다 인지적 노력이 더욱 필요하므로 글씨를 쓰는 행위 자체에 신경을 더 많이 쓰는 경향이 나타난다는 것이 밝혀졌습니다.

즉 종이에다 쓰는 쪽이 스트레스가 적다는 것입니다. 타이핑보다 손글씨가 편하다는 사람들이 수긍할 만한 연구 결과라

할 수 있습니다.

그런데 앞서 언급한 아스크비크 연구팀이 시행한 또 다른 연구에서는 태블릿PC에 손글씨로 메모를 할 때나 종이에다 메모할 때나 뇌의 활동은 똑같다고 합니다. 앞으로 태블릿PC 와 펜의 품질이 더욱 향상된다면 이 차이는 점점 줄어들 것입니다.

그럼에도 아직은 종이에다 손글씨로 쓰는 쪽이 다소나마 더 유익하다고 할 수 있을 것 같습니다.

잘 까먹는 사람이라면 중요한 학습 내용을 복습할 때는 종이에다 손으로 직접 쓰는 방법을 실천해보는 것은 어떨까요? 디지털 파일로 기록해놓는 것이 보관상 더 안전할 수도 있지만 그래도 기억에 더 남는 쪽은 역시 손글씨입니다.

한 줄 정리

종이에다 손글씨로 쓰는 것은 타이핑보다 기록 속도는 떨어지지만 그 대신 뇌가 활성화되어 기억에 잘 남는다.

집중력을 늘리는
필기의 마법

"책의 내용을 필기할 때와 강의 내용을 필기할 때,
각각 다른 방법이 더 효과적일지도."

필기하면서 공부하면 기억에 더 잘 남는다

참고서를 읽거나 강의를 들을 때 필기하면서 하는 사람과 그렇지 않은 사람이 있습니다. 수업 내용을 깔끔하게 정리한 노트를 보면 저절로 공부가 되는 느낌입니다. 노트 필기를 SNS에 공유하며 공부 인증을 하기도 하지요. 실제로 노트 필기는 어떤 효과가 있을까요?

노트에 기록으로 남겨서 나중에 다시 볼 때의 효과를 과학적으로 검증한 연구가 있습니다. 미국 노터데임대학교의 보헤이 연구팀이 실시한 연구입니다.

학생 97명에게 1000~1300개의 단어로 이루어진 두 개의 문장을 제시한다. 읽고 난 직후와 1주 후, 두 번에 걸쳐 제시된 문장의 내용을 묻는 문제로 이해도와 기억력을 조사하는 테스트를 실시했다.

필기한 노트의 사용법에 관해서는 필기하는 그룹 또는 필기하지 않는 그룹에 덧붙여 나중에 필기를 다시 보는 그룹 또는 다시 보지 않는 그룹으로 대상자를 분류했다.

그 결과 문장을 읽고 난 직후의 테스트에서는 필기한 것을 다시 보지 않았더라도 필기한 그룹의 오답률이 낮았고 1주 후의 테스트에서는 필기한 그룹과 그렇지 않은 그룹에서 차이는 없었습니다.

노트를 다시 본 경우는 다시 보지 않은 경우보다 직후의 테스트에서는 현저하게, 그리고 1주 후의 테스트에서도 미미하게나마 오답률이 낮았습니다. 즉 노트에 필기하면서 읽는 것이 더 좋다는 것을 알 수 있습니다.

이 연구팀은 강의를 듣는 형식에 관해서도 마찬가지 실험을 했습니다.

이 실험에서는 77명을 대상으로 9분짜리 강의 영상 3개를 시청하게 하고 위의 문장 실험과 똑같은 방법으로 강의 내용에 관한 테스트를 했습니다. 그리고 필기 방법에 대해서는 손으로 직접 쓰기와 PC로 쓰기로 나누어 두 경우에 어떤 차이가 있는지도 조사했습니다.

그 결과 필기한 내용을 다시 보지 않고 테스트한 경우 손이든 PC든 필기한 그룹에서 오답률이 낮았고, 1주 후의 테스트에서는 PC로 필기한 그룹만 오답률이 낮았습니다.

필기한 내용을 다시 보고 테스트한 경우, 직후의 테스트에서는 역시 필기한 그룹의 오답률이 낮았고 1주 후의 테스트에서는 필기한 그룹의 성적이 미미하게 좋았으며, 필기 방법에서는 손으로 직접 쓴 그룹과 PC로 쓴 그룹의 차이는 없었습니다.

그리고 손이든 PC든 필기하는 조건의 두 그룹 간의 성적은 필기한 내용을 다시 본 경우와 그렇지 않은 경우에서 차이는 없었습니다.

다시 보기 효과가 미미했다는 결과는 의외였지만, 공부하고 나서 바로 테스트하는 경우는 필기하면서 공부하는 쪽이 더 좋은 결과를 얻을 수 있다고 볼 수 있습니다. 필기할 때는 노트에 쓰기 위해 수업에 더욱 집중하고 이해하려고 의식하기 때문에 이해가 더욱 깊어지는 것 같습니다.

또 하나 주목할 점은 강의를 들으면서 필기한 다음 이를 다시 보지 않고 1주 후 테스트할 경우 PC로 필기한 그룹만이 오답률이 낮아지는 결과가 나왔다는 사실입니다. 손글씨가 좋다는 주장과 상반되는 결과입니다.

이는 다른 사람의 이야기를 들으면서 필기할 경우, 손글씨보다는 타이핑을 할 때 더 많은 정보를 기록할 수 있으므로 유리하게 작용하는 것으로 해석할 수 있습니다. 이럴 땐 필기 속도를 높이거나, 시간과 상황에 따라 필기 방법을 구분하면 좋을 듯합니다.

논어에는 "학이불사즉망, 사이불학즉태(學而不思則罔 思而不學則殆)", 즉 '배우기는 하지만 사색하지 않으면 아무것도 없고, 사색만 하고 배우지 않으면 오류나 독단에 빠질 위험이 있다'라는 말이 있습니다. 배워서 스스로 사색하지 않으면 내 것이 될 수 없고, 혼자 생각만 하고 남에게 배우지 않으면 독단에 빠질 수 있다는 것입니다.

제대로 배우고 나서 스스로 생각해보고, 또 그렇게 생각하면서 배워나가는 자세가 중요합니다.

메모한 내용을 한번 훑어보는 데 그치지 않고 생각하면서 제대로 읽어나갈 때 필기한 것을 다시 보는 효과도 더욱 키질 것입니다.

한 줄 정리

노트에 필기하면서 공부하면 더 기억에 남는다. 그리고 필기한 것을 다시 보는 습관을 들이면 필기 효과가 더욱 커진다.

15

주의력, 집중력, 기억력을 끌어올리는 멘탈 관리법

"뇌가 효율적으로 정보를 정리할 수 있도록
바뀌는 기적."

요가는 공부에 관한 모든 고민을 해결해줄 수도 있다

주의력과 집중력 그리고 가장 핵심인 기억력, 이 모두를 개선해주는 방법이 있다면 이토록 공부 때문에 고민할 일도 없을 겁니다. 그런데 이 모두를 해결해주는 기적 같은 방법이 있습니다. 바로 요가입니다.

최근 업무에서 좋은 성과를 내거나 균형 잡힌 생활을 위해 명상과 함께 요가를 시작하는 직장인이 늘고 있습니다. 집중력처럼 멘탈 관리 측면에서 효과가 있을 것 같다고 개인적으로도 생각합니다.

그런데 요가를 하는 동안에야 집중력이 좋아질 수 있겠지만 과연 끝난 후에도 그 효과가 지속될까요? 게다가 주의력과 기억력에도 효과가 있다니, 그게 사실이라면 꼭 한번 해봐야 할 것 같습니다.

인도 MES 의과대학교 조이스 연구팀의 연구 결과를 보면 요가는 운동생리학 면에서 상당한 효과를 기대할 수 있을 것으로 보입니다.

각 50명의 의대생을 실험 그룹과 통제(요가를 하지 않는) 그룹으로 나누어 실험을 실시했다.

실험 그룹은 1주간 요가 수업을 받은 후 주 5회 하루 30분씩 12주 동안 다음의 9가지 요가 동작을 실행했다.

수리야 나마스카라 4분 → 파드마사나 4분 → 파스치모타나 아사나 4분 → 파다하스타 아사나 4분 → 살람바 사르방가아사나 4분 → 수퍼 브레인 요가 1분 → 바즈라사나 2분 → 브리크사 아사나(나무 자세) 1분 → 사바사나 6분

그 결과 요가를 실행한 그룹은 실험 전후로 주의력, 집중력, 기억력에서 개선이 보인 반면 통제 그룹에서는 변화가 거의 없었습니다.

이는 평소 요가를 실천함으로써 주의력과 집중력이 몸에 습득됨에 따라 요가가 아닌 다른 동작을 할 때도 이 능력들이 발휘된다고 설명하고 있습니다. 요가를 계속하면 뇌가 효율적으로 정보를 정리할 수 있게 바뀌고, 그 결과 주의력과 집중력, 기억력도 개선이 된 것이라고 연구팀은 추측합니다.

요가에는 정신적인 효과뿐만 아니라 근육을 유연하게 만들거나 몸의 불균형을 개선하는 등의 효과도 있습니다. 공부 시작 전에 준비운동을 하거나 공부하는 중에 잠시 기분전환으로 요가를 한다면 분명 도움이 될 것입니다.

한 줄 정리

이완 효과뿐만 아니라 집중력, 주의력, 기억력이 향상되는 요가는 한번 해볼 만한 가치가 있다.

뇌가 좋아하는 공부 사전

홋타 교수의 공부 비결

연습은 실전처럼, 실전은 연습처럼

실전에서 실력을 충분히 발휘할 수 있는 쉬운 방법은 그 장소에 익숙해지는 것입니다. 인간의 뇌에는 순화 기능이 있어서 아무리 긴장되는 상황이라도 여러 번 경험하게 되면 별로 긴장하지 않게 됩니다. 처음엔 너무 떨렸지만 몇 번씩 하다 보니 떨지 않게 된 경험이 누구나 한 번쯤은 있을 것입니다.

혹시나 실력 발휘를 하지 못할까 불안한 시험을 앞두고 있다면 그 환경에 미리 익숙해져 보는 겁니다. 시험 불안을 극복하는 방법으로 이미 널리 잘 알려져 있죠.

일본 극단 시키(四季)의 주연배우였던 사토 마사키는 '연습은 실전처럼, 실전은 연습처럼'을 의식하면서 날마다 연습을 반복했습니다. 그리고 실제 공연일에는 '평소처럼 열심히'의 정신, 즉 평소의 마음가짐으로 임했을 때 최상의 실력을 발휘할 수 있었다고 말합니다. 내가 가진 건 100인데 실전에서 120을 내기는 어려우니 적어도 평소에 100의 80은 낼 수 있도록 훈련하는 것이 중요하다는 것이죠.

우선은 공부 환경을 시험 환경과 최대한 비슷하게 만들고 공부도 시험과 비슷한 내용으로 해나가시길 바랍니다. 장소의 느낌이 비슷한 것도 중요하지만 '실제 시험장에서는 할 수 없는 것들'을 최대한 배제한 환경이 좋습니다.

실전에서는 이어폰이나 헤드폰을 끼고 시험을 칠 수 없습니다. "음악을 들어야 실력 발휘가 되는데" 이래선 곤란합니다. 아무 소리도 없는 상태에서 기출문제를 풀어보세요. 옷도 집에서 입는 편한 옷이 아니라 실전에서 입을 옷으로 갈아입고 스마트폰도 절대 만지지 않습니다.

또 하나 중요한 것은 시간계획표입니다.

실전과 똑같은 시간에 일어나고 똑같이 행동하고 똑같이 공부하는 것입니다. 입시나 일부 자격시험은 장시간 책상에 앉아 치르게 되므로 실전에서 어느 정도로 체력이 소모되는지 실제로 직접 경험해보는 것이 큰 도움이 됩니다.

Chapter 3

공부의 시작은
의욕을 불러일으키는 것부터

뇌의 '의욕 스위치'를 켜는
최고의 방법

"의욕이 생기지 않는 이유는
하지 않기 때문이다."

몸이 먼저 반응하고 뇌는 나중에 반응,
이것이 뇌과학과 심리학의 상식

"의욕이 안 생기니까 오늘은 공부 안 할래."

"의욕이 안 나니까 SNS나 봐야지."

'의욕이 안 생긴다'라는 무시무시한 장벽.

'공부해야 한다는 건 너무나 잘 알고 있는데, 공부할 마음이 안 생기니까 쉬어야겠어.'

이런 생각이 공부하는 데 가장 큰 장벽이라는 건 누구나 인정할 것입니다. 어쨌거나 공부를 하지 않으면 아무것도 시작되

공부의 시작은 의욕을 불러일으키는 것부터

지 않으니까요. 육상선수가 훈련 없이 기록을 단축할 수 없고, 피아니스트가 연습 없이 잘 칠 수는 없습니다.

사실 이 문제를 해결하는 방법은 매우 간단합니다. 의욕이 나게 하려면 '실제로 하는' 수밖에 없습니다. 이는 여러 뇌과학 연구 등을 통해 이미 입증된 바 있습니다.

미국 캘리포니아대학교 리벳 박사팀의 유명한 연구에서는 동작을 실행하려는 뇌의 의식 신호보다 그 동작을 실제로 실행할 때 뇌가 보내는 신호가 평균 0.35초 빨랐다는 결과가 나왔습니다.

뭔가를 해야겠다고 생각하고 나서 몸이 움직이는 게 아니라 의식하기도 전에 몸을 움직이게 만드는 신호가 먼저 나오는 것입니다. 가위바위보에 빗대서 설명하자면, 보를 내려고 생각한 다음에 손바닥을 펴는 것이 아니고, 손바닥을 펴기 시작한 다음에 보를 내야겠다는 생각을 한다는 것이죠.

몸이 먼저, 뇌는 나중.

이 순서는 이제 뇌과학과 심리학에서 상식으로 받아들여지고 있습니다.

뇌의 측좌핵이라 불리는 부위는 이른바 '의욕 스위치'에 해당합니다. 이 스위치를 켜는 방아쇠 또한 '그 행동을 시작하는 것'입니다. 측좌핵은 몸이 보내는 자극을 받고 작동하므로 먼저 몸을 움직여야 합니다.

공부를 시작해야겠다고 마음을 먹었는데도 무심코 방 청소를 하거나 스마트폰 게임을 하면서 자기도 모르는 새 공부는 뒷전으로 미룬 채 딴 행동에 빠져들었던 경험이 누구에게나 있을 것입니다. 이 또한 청소나 게임이라는 행동을 먼저 시작하면서 측좌핵의 의욕 스위치가 켜지고 멈출 수 없게 되는, 과학적인 근거가 있는 행동입니다.

따라서 공부도 일단 무조건 시작부터 해보시기 바랍니다.

물론 말은 쉽지만 막상 행동에 옮기는 건 어렵지요.

작은 아이디어를 소개하자면, 예를 들어 "파이팅!"처럼 자신을 북돋는 응원의 메시지를 눈에 잘 띄는 곳에 붙여 놓는 것입니다. 네덜란드 위트레흐트대학교의 아츠 박사팀은 다음과 같은 동기에 관한 연구로 세계적인 학술지 〈사이언스〉에 논문을 게재했습니다.

42명의 대학생을 세 그룹으로 나누어 컴퓨터 화면에 '주먹을 쥐어라'라는 문장이 나왔을 때 3.5초 동안 주먹을 쥐게 했다.

이 작업을 시작하기 전 각 그룹마다 다음과 같이 서로 다른 여러 단어를 보여주고 프라이밍(미리 보여주거나 들려주는 자극을 주어 이후의 사고와 언행에 영향을 미치는 것)을 시행했다.

① 통제 그룹 : '좋다', '쾌적한' 등의 긍정적 단어 및 '또한'이나 '주변의'와 같은 중립적 단어를 보여준 그룹

② 프라이밍 그룹 : 중립적 단어 및 '노력'이나 '활발'과 같은 노력과 관련된 단어와 긍정적 단어를 연결하지 않고 눈치채지 못하도록 (서브리미널) 보여준 그룹

③ 프라이밍 + 보상 그룹 : 중립적 단어 및 노력에 관한 단어를 긍정적 단어와 연결하고 눈치채지 못하게 보여준 그룹

그 결과 ③, ②, ①의 순서대로 반응 시간이 더 빨랐고 최대 힘에 도달하는 것도 빨라졌습니다.

이 연구가 시사하는 바는 "파이팅!"과 같은 노력과 관련된 단어를 보면 의욕이 상승하며, 긍정적 단어와 연결하면 더욱

뇌가 좋아하는 공부 사전

효과적이라는 것입니다.

　몸을 먼저 움직이기만 하면 의욕은 반드시 뒤따라옵니다. 눈에 띄는 곳에 자신을 격려하는 문구를 붙여 놓고 의욕을 높여 나가시기 바랍니다.

한 줄 정리

의욕이 생기지 않는 이유는 하지 않기 때문이다. 억지로라도, 내키지 않더라도, 일단 시작하기만 하면 의욕은 저절로 뒤따라온다.

공부의 시작은 의욕을 불러일으키는 것부터

17

동기부여가 안 되는
사람들을 위한 조언

"내재적 동기부여가 안 된다면
외재적 동기부여의 힘을 빌려보자."

우수한 사람은 우수한 이유가 있다

"해야 할 공부가 산더미 같은데 당장 뭐부터 시작해야 할지 모르겠어." "너무 어려워서 결국 할 수 없다는 걸 아니까 의욕이 안 생겨."

공부를 시작할 때 발목을 잡는 흔한 변명들입니다.

이럴 때는 공부를 잘하는 우등생들을 무작정 따라 해보세요. 저절로 의욕이 생기면서 성과를 낼 수 있습니다.

해외 유학을 갔을 때 저는 어마어마한 공부량을 보고 당황했습니다. 영어가 모국어가 아니었으니 교재를 읽는 속도도 느릴 수밖에 없었습니다. 뛰어난 미국 학생들에게도 버거운 공부량인데 적당히 하다가는 절대로 쫓아갈 수가 없었습니다.

그때 제가 선택한 방법은 공부 잘하는 학생을 따라 하는 것이었습니다. 대개 우수한 사람은 다 이유가 있으며, 나름의 특별한 공부법과 생활 습관이 있습니다. 그 사람의 생활 패턴을 똑같이 따라 하다 보면 이것저것 신경 쓸 일 없이 좋은 공부법을 배울 수 있습니다.

다음은 남덴마크대학교의 애널리티스 박사팀이 조사한 내용입니다.

1만 4000명을 대상으로 조사하여 다음과 같은 패턴으로 분류했다.

① 자기와 취향이 비슷한 사람을 따라 한 경우
② 대다수가 선택한 것을 따라 한 경우
③ 비슷한 취향을 가진 사람들의 평균을 따라 한 경우
④ 취향이 비슷한 주변 지인들의 평균을 따라 한 경우
⑤ 취향이 비슷한 대다수의 집단을 참고해서 결정한 경우
⑥ 취향이 비슷한 사람들이 선택한 몇 가지 선택지를 제시하고 그중

그 결과 ①의 '취향이 비슷한 개인'의 선택을 따라 했을 때 결과가 좋아지는 것으로 나타났습니다. 뭔가를 시작하는 계기가 되는 동기부여에는 스스로 해야겠다는 '내재적 동기부여'와 내가 아닌 외부로부터 자극을 받고 해야겠다고 마음먹는 '외재적 동기부여'가 있으며 후자가 더 효과가 좋은 것으로 알려져 있습니다.

의욕이 안 나면 우등생을 무작정 따라 해보세요. 주위에 그런 사람이 없다면 이 책을 읽고 일단 뭔가를 시작해보세요.

한 줄 정리

의욕이 안 생긴다고 고민하지 말고 주변에 있는 우등생의 행동을 그대로 따라 해본다.

18

뇌를 속이면
공부가 재미있어진다

"재미있어서 웃는 게 아니라
웃어서 재미있는 것이다."

웃으면 웃을 때의 감정이 된다

원래부터 공부가 싫었고 재미없었다는 분들에게 아주 쉽고 간단한 특급 비법을 소개하겠습니다.

웃으면서 공부해보세요. 농담이 아닙니다. 공부하는 게 점점 재미있어질 것입니다. 미심쩍어하는 분들을 위해 독일 만하임 대학교의 스트랙이 행한 연구를 소개합니다.

실험 참가자들에게 만화를 읽게 하면서 펜을 준비하여 참가자를 다음의 세 그룹으로 분류했다.

① 빨대를 물듯이 입술을 오므리고 치아가 닿지 않는 상태로 펜을 물게 한 참가자
② 위아래 앞니로 물고 입술에 닿지 않게 펜을 물게 한 참가자
③ 자주 쓰는 손이 아닌 다른 손에 펜을 쥐게 한 참가자

그 결과 만화를 가장 재미있게 읽었다고 느낀 그룹은 ② 그룹이었다.

실제로 해보면 알 수 있듯이 ①은 안 웃는 얼굴이 되고 ②는 억지로라도 웃는 얼굴이 됩니다. 앞서 '몸이 먼저, 뇌는 나중'이라고 했는데요. 웃는 얼굴이 되면 자연스럽게 웃을 때의 감정을 갖게 됩니다.

뇌는 너무나 복잡하고 신기한 신체기관이라서 뇌과학자들도 아직 규명하지 못한 부분이 많이 남아 있습니다. 하지만 기분을 좋게 하려면 뇌를 속이면 된다는 것은 이미 잘 알려진 사실입니다. 이 실험 결과는 그 전형이라 할 수 있습니다.

재미없어도 일단 웃어보세요. 그럼 신기하게도 정말 재미있

게 느껴집니다. 게다가 결과물도 좋아집니다. 공부는 해야겠는데 좀처럼 의욕이 안 생긴다면 억지로라도 웃으면서 공부해보는 건 어떨까요?

그리고 '웃는 표정'과 '웃는 것'은 언뜻 같아 보이지만 꼭 같은 것은 아닙니다. 위 연구는 웃는 표정에 관한 것이었는데, 다음으로 웃는 것 자체에 관한 연구도 소개하겠습니다.

미국 메릴랜드대학교의 아이젠 연구팀은 실험 참가자를 코미디 영상을 본 그룹과 보지 않은 그룹으로 나눈 뒤 똑같은 작업을 하게 했습니다. 그러자 코미디 영상을 본 그룹은 보지 않은 그룹보다 3배 높은 정확도로 작업을 수행해냈다고 합니다.

억지 미소라도 좋으니 입꼬리를 올리고서 공부를 해보세요. 위 실험에서의 ② 그룹처럼 펜이나 나무젓가락을 입에 물고 해보는 것도 한 방법이 될 수 있습니다.

한 줄 정리

의욕이 생기지 않는 것은 공부할 때의 표정 때문일 수도 있다. 책상에 앉을 때 살짝 웃기만 해도 공부가 즐거워진다.

19

스트레스가 공부 의욕을
갉아먹을 때 필요한 것

"부정적 감정을 없애고
스트레스를 줄이는 만능해결사."

돈과 공간의 제약이 없는 복식호흡

"스스로 공부할 마음이 생기게 하는 방법은 없을까요?"

이런 질문을 많이 받습니다. 그럴 때 알려드리는 방법이 바로 복식호흡입니다.

'아… 오늘도 공부할 맛이 안 난다'라는 생각이 들 때, 자세를 바로 하고 코로 숨을 천천히 들이마시며 배를 부풀렸다가 입으로 숨을 천천히 내쉬어보세요. 몇 번 반복하다 보면 마음이 차분해지면서 신기하게도 '시작해볼까?' 하는 마음이 듭니다.

이건 무슨 특별한 마법이 아닙니다. 중국 베이징사범대학교

마 박사팀의 연구를 소개합니다.

40명의 실험 참가자를 20명씩 실험 그룹(연구자가 개입하여 지원)과 통제 그룹(연구자 개입 및 지원 없음)으로 나누어 8주에 걸쳐서 감정 테스트, 숫자 테스트, 코르티솔 수치 측정을 했다.
그리고 각 그룹을 '아무것도 하지 않는다', '눈을 감고 평소대로 호흡한다', '복식호흡을 한다'의 세 패턴으로 나누어서 각 행동 전후로 테스트와 수치 측정을 했다.

그 결과 어느 경우든 복식호흡을 한 그룹이 좋은 결과를 보인 것으로 나타났습니다.

감정 테스트에서는 부정적인 기분이 줄어든 것을 확인할 수 있었습니다. 1~200까지 숫자를 배열하고 1분간 지정된 숫자의 패턴을 최대한 빨리 지워나가는 숫자 테스트에서도 복식호흡을 하면 결과가 좋은 것으로 나타나, 지속적인 집중력 향상에도 기여하는 것으로 추측됩니다. 그리고 복식호흡을 한 참가자들은 스트레스를 느낄 때 분비되는 호르몬의 일종인 코르티솔의 수치도 낮게 나왔습니다.

뇌가 좋아하는 공부 사전

이런 결과들로 볼 때 복식호흡은 만능해결사라는 것을 알 수 있습니다. 게다가 복식호흡은 돈도 안 들고 장소의 제약도 받지 않습니다.

이 실험에서는 1분간 4회씩 깊은 복식호흡을 15분간, 꽤 긴 시간을 실시했습니다. 15분이라는 시간에 주목한다면 복식호흡 자체도 도움이 되겠지만, 정신적으로 안정된다는 면에서 어쩌면 넓게는 명상 효과도 기대해볼 수 있을 것 같습니다.

최근 마인드풀니스(mindfulness)가 유행하는 것이나 구글 사옥에 명상실을 마련한 것 등 직장인들 사이에서 높은 성과를 내는 데 정신적 안정이 중요하게 여겨지는 흐름은 결국 이러한 과학적 근거를 바탕으로 하고 있다는 것을 알 수 있습니다.

한 줄 정리

공부 시작 전에 코로 숨을 들이마시고 입으로 숨을 내뱉는 복식호흡을 반복하면 조금씩 공부할 마음이 생긴다.

20

공부에도
순서가 있다

"의욕을 유지하려면 기분전환이 중요하다."

잘하는 과목부터 시작해서 의욕을 높이기

해야 할 공부는 산더미 같은데 할 생각만 하면 의욕이 사라진 적, 많이 있을 겁니다. 게다가 한 번에 여러 과목을 해야 할 때는 도대체 어디서부터 손을 대야 할지, 먼 산만 바라보게 되는 일도 다반사입니다.

이럴 땐 공부하는 과목에 순서를 정하는 방법이 있습니다. 일본 히로시마대학교 마에다 연구팀의 연구를 소개합니다.

공부의 시작은 의욕을 불러일으키는 것부터

중고등학생 946명을 대상으로 본인의 성격, 자기효능감(어떤 행동을 수행해낼 수 있다고 스스로 느끼는 것), 좋아하는 과목과 싫어하는 과목 및 그 이유, 좋아하는 과목과 싫어하는 과목의 공부 방법 등을 질문했다. 그 결과 과목의 호불호와 자기효능감에는 연관성이 없었다. 반면 싫어하는 과목보다는 좋아하는 과목을 여러 노력을 기울여 더 주체적으로 공부하는 경향을 보였다.

이 실험 결과로 볼 때 자기가 좋아하는 내용부터 공부를 시작하면 높은 동기를 얻을 수 있으므로 공부 의욕 스위치가 쉽게 켜질 거라 예상할 수 있습니다.

그리고 또 한 가지 주목해야 할 점은 공부 의욕을 유지하는 것입니다. 작업 내용이나 관심 정도, 환경이나 컨디션 등에 따라 달라지므로 일률적으로 말할 수는 없지만 시간이 지남에 따라 집중력이 떨어진다는 것은 여러 연구를 통해 이미 입증되어 있습니다.

그렇다면 쉬지 않고 한 번에 공부하는 것이 좋을까요? 아니면 쉬엄쉬엄하는 것이 더 좋을까요?

이 질문의 힌트가 되는 연구가 뉴질랜드 켄터베리대학교 헬톤과 러셀의 연구입니다.

17세부터 60세까지의 실험 참가자 266명을 대상으로 모니터에 나오는 타원의 위치를 계속 인식하는 테스트를 했습니다. 실험 참가자는 다음의 세 그룹으로 나누었습니다.

① 약 2분의 휴식을 취한다.
② 모니터에서 숫자와 글자 등 다른 과제를 인식하게 한다.
③ 테스트를 계속한다.

그 결과 ① → ② → ③의 순으로 성적이 좋게 나왔습니다.

그 밖에도 미국 캘리포니아주립대학교 로스앤젤레스캠퍼스의 코넬과 비요크 교수팀은 화가의 회화적 특징을 알려주고 나중에 테스트하는 실험에서 화가별로 정리하는 것보다는 여러 화가의 그림을 섞어서 특징을 알려주었을 때 두 배 가까이 (전자는 30퍼센트, 후자는 60퍼센트) 성적이 좋았다는 연구 결과를 발표했습니다.

이러한 결과들로 볼 때, 당연한 이야기지만 중간에 다른 작업을 하거나 휴식하는 등의 기분전환이 중요하다는 것을 알 수 있습니다. 뇌는 새로운 자극을 좋아합니다.

휴식할 시간이 부족한데 공부해야 할 과목이 여러 가지일 때는 서로 다른 과목을 번갈아 가며 하는 것이 좋습니다. 예를 들어 잘하는 과목과 어려운 과목을 한 번에 해야 할 때는 우선 잘하는 과목부터 시작해서 측좌핵을 자극시키고 조금 있다가 어려운 과목으로 넘어가는 식으로 번갈아 가면서 공부를 하는 것이 능률을 높일 수 있습니다.

한 줄 정리

공부할 대상이 여러 개일 때는 좋아하는 것부터 시작한다. 공부할 마음이 생기면 그때 싫어하는 것을 시작한다.

127

공부의 시작은 의욕을 불러일으키는 것부터

21

가장 좋은 공부 자극은
목표를 시각화하는 것

"목표의 시각화로

의욕과 자기통제력을 끌어올린다."

시각화하면 실현 가능성이 커진다

여러분은 지금 어떤 이유로 공부하고 있나요?

무엇을 목표로 삼아서 공부하고 있나요?

바로 대답해냈다면 아주 잘하고 있는 것입니다. 대답하지 못했다면 우선은 내가 무엇을 목표로 공부하고 있는지를 다시 한번 생각해볼 필요가 있습니다.

목표는 말로 표현하고 눈으로 볼 수 있게 만들어야 실현 가능성이 커집니다. 이러한 목표 효과를 검증한 것이 미국 캘리포니아 도미니칸대학교 매튜스 연구팀의 연구입니다.

공부의 시작은 의욕을 불러일으키는 것부터

미국, 벨기에, 영국, 인도, 오스트레일리아, 일본의 다양한 업종에 종사하는 267명의 참가자를 다섯 개의 그룹으로 나누어, 목표를 설정하고 달성하기 위해 노력하도록 하는 실험을 진행했다. 각 그룹에서는 하는 일과 상관없이 목표를 성취하는 것에 대해서만 아래와 같이 차이를 두었다.

① 목표를 글로 쓰지 않기(그냥 머릿속으로만 그리기)

② 목표를 글로 쓰기

③ 목표와 행동에 관한 규칙을 글로 쓰기

④ 친구에게 목표와 행동에 관한 규칙을 글로 써서 보내기

⑤ 친구에게 목표와 행동에 관한 규칙과 실행 기록을 글로 써서 보내기

연구 결과는 꽤 흥미롭고 놀랍습니다. ②처럼 목표를 글로 쓰기만 해도 목표달성률이 ①의 약 1.2배, ③은 약 1.4배, ④는 약 1.5배, ⑤는 무려 약 1.8배나 높았습니다.

이 수치들로 볼 때 목표를 시각화하는 것은 자기통제력을 높이고 의욕을 불러일으키는 효과를 기대할 수 있을 것으로

추측됩니다.

예전에 다양한 디지털 기기를 잘 활용해서 유능한 인재로 소문난 어느 편집자의 사무실을 방문한 적이 있었습니다.

그런데 '업무 중에는 SNS 금지' 등의 규칙을 손글씨로 쓴 종이들이 벽면 곳곳에 붙어 있었습니다. 업무 효율을 높이기 위해 엄격히 자기 통제를 하는 모습을 보고 저는 속으로 놀라면서도 이런 사람이 성과를 내는구나 싶었습니다.

또한 ④나 ⑤의 수치를 보면 목표나 꿈을 공유하면서 서로 좋은 자극을 주고받을 수 있는 동료의 존재도 중요하다는 것을 알 수 있습니다. 심리학에서는 이를 '커미트먼트(commitment) 효과'라 하는데, 남에게 목표를 이야기함으로써 자신의 발언과 행동에 일관성을 주려는 의식이 생기고 그에 걸맞게 행동하게 된다는 것입니다.

대학 입시를 다룬 일본 드라마 〈드래곤사쿠라 2〉에는 "특목고 학생들이 왜 공부를 잘하는지 알아? 그건 주위의 친구들이 다 공부를 하기 때문이야"라는 대사가 나옵니다. 혼자서 열심히 목표를 위해 달리는 것도 중요하지만, 주위에 있는 친구들과 서로의 목표를 공유하고 격려하는 분위기를 만들면 훨씬

공부의 시작은 의욕을 불러일으키는 것부터

힘이 됩니다.

　어쨌든 우선은 목표를 머릿속에 두루뭉술 떠올리기만 하지 말고 종이에다 직접 써보는 것부터 시작해보세요.

한 줄 정리

공부하려는 의지가 생기려면 먼저 목표를 확실하게 설정하고 글로 써본다. 그리고 될 수 있으면 주변 사람들에게 공개한다.

뇌가 좋아하는 공부 사전

훗타 교수의 공부 비결

특별히 추천하는 공부법 1

이 책에서 소개한 공부법 중 특별히 추천하고 싶은 것들을 상황별로 순위를 매겨 정리했습니다. 도움이 되길 바랍니다.

거짓말 같지만 효과가 입증된 재미있는 공부법 BEST 5
❶ 오른손잡이는 오른 주먹을 꽉 쥐면 좌뇌가 활성화되어 더 잘 기억된다 70쪽
❷ 암기가 잘 안 될 땐 목욕을 하면 도움이 된다 24쪽
❸ 30초간 안구를 좌우로 움직이면 기억력이 향상된다 186쪽
❹ 공부할 땐 간식으로 초콜릿을 먹는 것이 좋다 74쪽
❺ 공부 전 10분 산책이 기억력을 25퍼센트 높여준다 18쪽

즉각 효과가 나타나는 공부법 BEST 5
❶ 노트에 필기하는 것만으로도 집중력이 높아진다 90쪽
❷ 공부 후 근력운동이 기억력을 20퍼센트 높인다 190쪽
❸ 배워서 남 준다는 생각을 해야 공부가 잘된다 34쪽
❹ 이해력을 높이고 싶을 때는 종이책으로 읽는다 30쪽
❺ 인터리브 학습법으로 뇌에 새로운 자극을 준다 178쪽

Chapter 4

지루하지 않게
공부할 수 있는 비결

잃어버린 집중력에는
고양이 사진이 특효약

"집중력이 끊기는 것은
뇌의 순화 작용 때문이다."

공부가 지루해지면 머리에 안 들어온다

공부를 계속하다 보면 어느새 싫증이 나기 시작합니다. 내용은 도통 머리에 들어오지 않고, 자꾸 딴 생각이 듭니다. 괜히 다른 책을 뒤적거리기도 하고요. 집중력이 떨어졌다는 증거입니다. 이런 고민을 해결할 간단한 방법을 알려드리죠.

앞에서도 이야기했듯이, 인간에게는 순화라는 작용이 있습니다. 어떤 일이든 반복 경험을 하게 되면 대개는 금방 익숙해져 버리는 것이죠. 똑같은 자극이 들어올 때마다 동일하게 반응한다면 뇌가 피로해지기 때문입니다. 즉 어떤 자극에 익숙해져야 그 자극을 효율적으로 처리할 수 있게 된다는 것입니다.

인간은 순화 작용을 통해 스트레스에 대한 내성이 생기기도 합니다. 그러므로 익숙해진다는 것은 본래 학습을 위해서는 꼭 필요한 기초적인 능력이기도 합니다.

그런데 순화에는 맹점도 있습니다.

큰마음을 먹고 겨우 공부를 시작했는데 조금씩 익숙해지면서 지루해지고, 나중엔 하나도 머리에 안 들어오는 것이죠.

이 문제를 극복하려면 어떻게 해야 할까요?

일본 히로시마대학교의 니토노 연구팀이 제시한 방법은 조금 특이합니다. 귀여운 사물이 찍힌 사진을 1분간 보는 것인데요. 그렇게 했을 때 뇌가 상쾌해지면서 집중력을 되찾는다고 합니다.

실험 참가자에게 게임판의 구멍에서 작은 조각을 꺼내는 작업과 문자 배열에서 특정 글자를 찾아내는 작업을 하게 하고(둘 다 주의력을 요구하는 작업이다), 잠시 후 일의 효율이 떨어질 때 다음과 같이 세 그룹으로 나누어 각각 사진을 1분 동안 보게 한 후 그 전후의 결과를 비교했다.

뇌가 좋아하는 공부 사전

① 강아지나 새끼고양이의 사진을 본 그룹

② 성견·성묘의 사진을 본 그룹

③ 맛있는 음식의 사진을 본 그룹

게임판 구멍에서 작은 조각을 꺼내는 작업에서는 ①의 강아지와 새끼고양이 사진을 본 그룹의 작업 성공률이 늘어나 성공 횟수가 약 44퍼센트 증가했습니다. ②의 성견·성묘의 사진을 본 그룹은 동일한 작업에서 성공률이 약 12퍼센트 증가했습니다.

문자 배열에서 특정 글자를 찾는 작업에서는 ①은 정답 횟수가 약 16퍼센트 증가한 데 비해 ②는 1.4퍼센트, ③은 1.2퍼센트만 증가하는 데 그쳤습니다.

귀여운 사진만 봐도 작업의 정확도와 정답률이 높아진다니 참으로 놀랍습니다. 이처럼 차이가 나는 이유는 귀여운 사물을 보면 더 보고 싶다는 마음이 생기면서 집중해서 보게 되기 때문입니다. 그리고 이때 생긴 집중력이 이후의 작업에서도 지속이 된다고 합니다. '사진을 보기'라는 다른 작업이 중간에 끼어

지루하지 않게 공부할 수 있는 비결

들면서 기분전환 효과도 있는 듯합니다.

농담 삼아 '귀여움이 세상을 구한다'는 말들을 주고받긴 했지만, 실제로 귀여움이 우리의 집중력까지 구해준다니 신기합니다. 집중력을 유지할 수 있는 정말 간단한 방법이니 꼭 실천해보시기 바랍니다.

한 줄 정리

지루하고 집중력이 떨어진 것 같으면 자신이 좋아하는 사물의 귀여운 사진을 본다.

지루하지 않게 공부할 수 있는 비결

23

'관중 효과'를 활용해 긴장감 있게 공부하자

"적당한 긴장감은
공부에 더욱 몰입하게 해준다."

내가 나를 감시하는 타임 랩스 공부법

요즘 화제가 되고 있는 타임 랩스 공부법을 아시나요?

타임 랩스 공부법이란 공부하고 있는 자기 모습을 저속으로 또는 스마트폰의 동영상 촬영 모드인 타임 랩스로 촬영하는 공부법입니다. 트위터나 유튜브에 타임 랩스 공부법을 검색해 보면 수많은 동영상을 쉽게 찾아볼 수 있습니다.

이 동영상들의 공통점은 바로 영상에서 시계를 찍는다는 것입니다. 아날로그 시곗바늘이 고속으로 돌아가거나 디지털시계의 숫자가 어지럽게 변하는 모습을 볼 수 있는데요. 나중에 그 동영상을 다시 보면 '내가 진짜 열심히 공부했구나'라고 뿌듯함을 느낀다고 합니다. 이처럼 동영상으로 내 모습을 모니터링하는 공부법이 정말로 효과가 있을까요?

사람은 누군가 지켜보고 있을 때 꼭 해야 한다는 생각이 들면서 성과가 높아집니다. 심리학에서는 이를 '사회적 촉진' 또는 '관중 효과(audience effect)'라고 합니다. 단, 이를 실천할 때는 다소 주의가 필요합니다. 일본 아이치슈쿠토쿠대학교의 가나야와 리츠메이칸대학교의 나가이가 함께한 연구를 소개합니다.

대학생 26명의 실험 참가자를 대상으로 번갈아 제시되는 화면에서 바뀐 부분을 찾아내는 과제를 수행하게 했다. 첫 번째 실험은 모르는 타인이 참가자의 모습을 보고 있는 조건, 두 번째 실험은 비디오카메라를 통해 타인이 보고 있는 조건으로, '남이 지켜보고 있다'라는 의식이 어떤 영향을 주는지 확인하는 실험이다.

그 결과 첫 번째 실험에서는 관찰자가 있는 경우 바뀐 부분을 찾아내는 데 두 배 이상의 시간이 걸렸습니다. 두 번째 실험에서는 비디오카메라가 있을 때 두 배 가까운 시간이 걸렸습니다.

이 결과만 놓고 보면 직접이든 카메라를 통해서든 누군가 지켜보고 있으면 공부에 방해가 될 것으로 보입니다. 그런데 실제로는 좀 복잡합니다.

미국 미네소타대학교의 자이언스에 따르면 감시하에서는 작업의 정확도 같은 성과가 향상하기도 하지만 학습의 경우에는 꼭 그렇지만은 않다고 합니다. 처음에는 틀리기 쉽다가 시간이 지나면서 정답률이 올라갑니다. 오답이 많은 단계에서는 관중의 존재가 방해가 되지만 정답률이 올라가면 관중의 시선을 받고 있는 실험 참가자도 자신 있게 정답을 말하게 되므로 성과가 향상된다는 것입니다.

타임 랩스 공부법은 부담스러운 타인의 시선이 없이도 관중 효과를 경험할 수 있게 해줍니다. 열심히 공부하는 자신의 모습을 보면서 가끔은 스스로를 칭찬해주세요.

한 줄 정리

자신이 공부하는 모습을 동영상으로 촬영하면 자신을 객관화할 수 있게 되면서 더욱 공부를 열심히 하게 된다.

지루하지 않게 공부할 수 있는 비결

24

조용한 환경은
쉽게 산만해지는 사람에게 해롭다

"집중력에 자신이 없다면
 당신에게는 소리가 필요하다."

완벽한 무음 상태에서는 오히려 집중이 안 된다?

혹시 자기 방에서는 공부도 안 되고 금방 지루해지지만, 카페나 도서관에서는 오히려 집중이 잘되는 사람이 있나요?

출퇴근 전후나 휴일에 커피숍에서 공부하는 사람이 꽤 많습니다. 요즘엔 학생들이 도서관이나 카페에서 책을 펼쳐놓고 공부하는 모습도 자주 볼 수 있습니다.

사실 이 방법은 집중력 유지에 효과적입니다. 도서관이나 카페에서 공부하면 주변이 신경 쓰여 불편하다는 사람도 있겠지만, 오히려 소음 때문에 카페를 이용한다는 사람도 있습니다.

지루하지 않게 공부할 수 있는 비결

즉 여기서의 핵심은 '소리'입니다.

소리와 공부 효율의 관계에 관한 다양한 연구 중 스웨덴 스톡홀름대학교 쇠델룬드의 연구를 소개합니다.

> 노르웨이의 7학년 학생 51명을 리커트 척도라 불리는 기준에 따라 교사가 주의력이 산만하다고 평가한 그룹 A와 그 이외의 대조 그룹, 이렇게 두 그룹으로 나누었다. 그리고 여러 영역의 주파수 성분이 똑같이 포함된 잡음, 이른바 백색소음의 유무에 따른 학습 효과의 차이를 비교했다.

이 실험에서 주의력이 산만한 학생을 선택한 이유는 기본적으로 잡음은 공부에 집중하는 것을 방해한다고 생각하기 쉬우나 발달 장애의 일종인 ADHD가 있는 어린이는 일정 잡음이 있는 환경에서 더 집중을 잘한다는 선행 연구가 있었기 때문입니다. 참고로 그룹 A에는 ADHD로 진단받은 학생은 없었습니다.

그 결과 전반적인 성적의 차이는 관찰되지 않았으나 두 그룹에서 백색소음의 유무와 그에 따른 성적을 비교한 결과 백색소음이 있는 경우 그룹 A에서는 성적이 올랐고 대조군에서는 반대로 성적이 떨어졌습니다. 이는 선행 연구 결과로 볼 때 어느 정도 예측이 가능한 결과라고 할 수 있습니다.

이 연구 결과를 보면 지루해진다는 것은 공부에 완전히 집중하지 못했다는 뜻이므로 평소 지루함을 잘 느끼는 사람이라면 어느 정도 잡음이 있는 환경에서 더 집중이 잘된다고 할 수 있을 것입니다.

이 실험에 쓴 음성은 86데시벨, 백색소음은 78데시벨이었는데요. 미국 일리노이대학교의 미터 연구팀에 따르면 무음~50데시벨 정도의 환경보다는 70데시벨 정도의 환경에서 더 창의력이 높아진다고 합니다.

사람에 따라 개인차는 있겠지만 평소 조용한 환경에서 공부할 때 지루함을 자주 느끼는 편이라면 조금 시끄러운 환경에서 의외로 집중이 훨씬 더 잘될 수도 있습니다.

한 줄 정리

공부할 때 금방 지루해지는 편이면 소리가 원인일 수도 있다. 너무 조용한 환경이면 음악이나 라디오를 틀고 공부를 해본다.

25

공부할 때 듣기 좋은
음악이 따로 있을까?

"모차르트 효과의 허와 실."

모차르트의 음악은 자연음이나 백색소음과 유사하다?

혹시 기분을 전환하거나 집중력을 높이기 위해 좋아하는 음악을 틀어놓고 공부하는 사람이 있나요?

만약 그렇다면 선택한 음악에 따라서는 오히려 역효과가 나고 있을지도 모릅니다. 예를 들면 너무 좋아하는 곡이라서 자신도 모르게 빠져드는 경우처럼 말이죠. 심지어 따라 불렀다는 사람도 있을 것입니다. 뇌의 의식이 음악으로 쏠릴 위험이 있다는 것입니다.

뇌과학자 이케타니 유지는 음악을 들으면 집중력에 방해가 될 수 있으므로 배경 음악으로는 자연음 등이 좋다고 말합니다.

단순 작업을 할 때는 좋아하는 음악을 듣는 것이 효율이 향상된다는 데이터도 있지만, 저는 음악을 집중하며 듣는 편이라 이케타니의 의견에 동의합니다. 제가 아는 편집자는 늘 좋아하는 노래를 틀어놓고 일을 하곤 하는데, 일에 집중하다 보면 곡이 귀에 안 들어오고 어느새 곡이 끝나 있다고 합니다. 그 정도의 집중력이라면 무엇을 듣든 상관없겠죠.

공부와 음악의 연관성과 관련해 한때 화제를 불러 모았던 것이 바로 모차르트 효과입니다. 1993년 캘리포니아대학교 어바인캠퍼스의 라우셔 연구팀이 모차르트 음악을 들으면 IQ 테스트의 공간지각능력이 향상된다고 발표한 것이 그 발단이 되었습니다.

그 후 2010년 오스트리아 빈대학교의 피치니히가 모차르트 효과를 부정하는 연구를 발표하는 등 찬반양론이 팽팽히 맞섰습니다. 그런데 원래 라우셔 연구팀의 연구내용은 한정된 조건에서 이루어진 것으로 모차르트 음악을 들으면 머리가 좋아진다는 내용은 아니었습니다.

이런 점들로 볼 때 모차르트 효과가 얼마나 신뢰할 수 있을

뇌가 좋아하는 공부 사전

만한 것인가에 대해서는 다소 미심쩍은 부분이 있기는 합니다. 여기서는 모차르트와 공부에 관해서 이탈리아 로마대학교 베르시오 연구팀의 연구를 소개하겠습니다.

모차르트의 〈두 대의 피아노를 위한 소나타 K.448〉의 제1악장(라우셔의 실험에서도 사용)과 베토벤의 〈엘리제를 위하여〉를 다음의 세 그룹에 각각 들려주고 전후 뇌파를 측정했다.

① 평균 나이 33세의 건강한 성인 10명
② 평균 나이 85세의 건강한 노인 10명
③ 경도인지장애가 있는 평균 나이 77세 노인 10명

그 결과 그룹 ①과 ②는 베토벤 음악에서는 변화가 없었으나 모차르트 음악을 듣고 난 후에는 기억력과 인지기능이 좋아진 것으로 나타났습니다. 그룹 ③은 모차르트 음악을 듣고 난 후에도 아무 변화가 없었습니다.

베르시오 연구팀은 건강한 그룹이 모차르트 음악에서는 좋은 영향을 받고 베토벤 음악에는 변화가 없었던 이유를 〈두 대

지루하지 않게 공부할 수 있는 비결

의 피아노를 위한 소나타 K.448〉의 제1악장은 반복구간이 많고 〈엘리제를 위하여〉는 음의 높낮이 폭이 크고 변화가 많기 때문이라고 추측했습니다. 말하자면 작곡가가 모차르트라서 그렇다기보다는 음악의 템포나 멜로디와 크게 연관이 있는 듯합니다.

그리고 듣는 사람의 취향도 큰 영향을 주는 것으로 밝혀졌습니다. 캐나다 윈저대학교의 낭트와 토론토대학교의 쉐렌버그의 연구에 따르면 모차르트를 좋아하는 사람이 모차르트 음악을 들으면 성적이 올라가고, 이야기 듣기를 좋아하는 사람이 이야기를 들으면 다소 성적이 올라가는 경향을 보인다고 합니다. 또 듣는 사람의 성격과도 관계가 있어서, 유니버시티 칼리지 런던의 펀햄 연구팀의 연구를 보면 내향적인 사람에게 모차르트 음악은 효과가 없는 것으로 나타났습니다.

음악과 공부 결과의 차이, 혹은 음악과 인지기능의 변화를 살피는 연구는 상당히 많이 이루어져 있어서 한마디로 결론짓기가 매우 어렵습니다. 다만 음악을 들으면 기분이 좋아지는 등 삶에 긍정적인 영향을 미친다는 사실에는 틀림이 없어 보입니다.

중요한 것은 삶 속에서 음악을 잘 활용하는 것이겠지요.

참고로 좋아하는 음악과 공부의 관계에서 자주 언급되는 것은 '공부하기 전에 듣기'입니다. 좋아하는 곡을 공부하기 전에 들어 기분을 좋게 만든 후 공부 중에는 듣지 않고 집중해서 공부하는 방법입니다. 이를 반복하여 습관화한다면 좋아하는 곡을 듣는 순간부터 이미 뇌가 공부 모드로 전환되는 효과도 기대할 수 있을 것입니다.

한 줄 정리

공부 중에 모차르트 음악을 듣고 의욕과 집중력을 높인다.

26

커피보다 효과적인
졸음 퇴치 방법

"뇌가 원하는 건 카페인이 아니라 산소다."

뇌를 건강하게 만들려면 유산소운동을 하라

공부하다가 중간에 졸음이 몰려올 때가 있습니다. 이럴 때 여러분은 어떻게 하나요?

아마도 커피를 마신다는 사람들이 많을 것 같습니다. 하지만 그보다 더 강력한 졸음 퇴치 방법이 있습니다. 바로 스텝박스 오르내리기입니다.

스텝박스 오르내리기는 계단 오르내리기를 모방한 운동입니다. 계단 오르내리기 운동에는 졸음을 쫓는 효과와 지루함을 없애는 효과가 있다는 사실이 밝혀진 바 있습니다. 여기서는 계단 오르내리기와 스텝박스 오르내리기가 거의 비슷한 운동이라는 것을 전제로 이야기를 해보겠습니다.

미국 조지아대학교 랜돌프와 오코너의 연구에 따르면 커피를 마시는 것보다 10분 동안 계단을 오르내리는 것이 졸음을 쫓는 데 더 효과적이며 공부하려는 마음도 더 생긴다고 합니다.

평소 카페인을 섭취하는 여대생 18명을 대상으로 PC 앞에 장시간 앉아 언어능력과 인지능력이 요구되는 작업을 하게 했다.
그리고 날짜에 따라 ① 카페인을 섭취, ② 위약을 섭취, ③ 10분간 계단 오르내리기의 세 패턴으로 나누어 차이를 조사했다.

그 결과 오르내리기 운동을 하면 작업 기억과 의욕, 집중력 등이 향상한다는 것이 밝혀졌습니다. 한편 카페인이나 위약을 먹은 ①과 ②의 경우 의욕 면에서 큰 변화가 없었습니다.

그리고 쉴 때 누워 있기보다는 몸을 움직이는 게 더 좋다는 사람에게도 스텝박스 오르내리기는 좋은 운동이 될 수 있습니다.

약 25분짜리 애니메이션 한 편을 보는 동안 스텝박스 오르내리기 운동을 하는 '애니메이션 다이어트'가 한때 유행했습니다. 그만큼 스텝박스 오르내리기 운동은 뭔가 특별한 기구 없이도 가능하고 다른 일과 동시에 할 수 있으며 다이어트가 될 정도로 확실한 유산소운동입니다. 평소에 따로 하는 운동이 없는 사람에게도 좋습니다. 집에서 쉽게 할 수 있는 것도 큰 장점이죠.

공부에 도움이 될 만한 운동을 하고 싶다면 유산소운동이 제격입니다.

근육을 단련하는 데는 무산소운동이 필수적이지만 뇌로 혈액을 공급하려면 유산소운동을 해야 합니다. 무산소운동은 유산소운동보다 쉽게 피로해지며 공부할 기력이 남지 않을 수도 있기 때문입니다.

유산소운동과 공부에 관해서는 스웨덴 옌셰핑대학교의 블롬스트랜드와 엥그볼 연구팀의 메타 분석 연구(같은 주제의 다양한 연구를 모아서 비교 검토함)를 소개하겠습니다.

연구팀은 2009~2019년에 걸쳐 18~35세를 대상으로 운동과 공부 사이의 효과 및 관련성을 조사한 13개의 연구를 분석했습니다. 그 결과 2~60분 동안의 유산소운동(걷기, 뛰기, 자전거 타기)

지루하지 않게 공부할 수 있는 비결

이 학습과 기억에 좋은 영향을 주는 것으로 나타났습니다.

이는 18~35세에 한정된 데이터인데, 논문에 따르면 연구팀은 어린이나 10대 청소년, 노인을 대상으로 한 연구는 흔하며 운동이 인지기능 향상에 도움이 되는 것은 과학적으로도 이미 명백하므로 일부러 이 연령대의 성인을 대상으로 한 연구를 분석했다고 합니다.

이 연구 분석이 2분이라는 짧은 시간의 유산소운동에 주목했다는 점에 유념할 필요가 있습니다.

경도~고강도의 운동을 2분만 해도 학습, 기억, 문제해결 능력, 집중력, 언어 유창성이 향상되고 그 효과가 최대 2시간가량 지속된다고 합니다.

블룸스트랜드 연구팀은 일이나 공부를 하기 전의 운동 효과는 어느 정도 인정되지만, 일의 성과를 높이는 가장 적합한 운동은 찾을 수 없었다고 합니다. 하지만 랜돌프와 오코너의 연구로 볼 때 스텝박스 오르내리기가 가장 적합할 듯싶습니다. 스텝박스는 장소에 크게 구애받지 않고 손쉽게 할 수 있다는 것이 장점입니다.

졸음이 오거나 피곤해져서 잠시 휴식을 취해야 할 때 커피

대신 공부 효과를 높이는 스텝박스 오르내리기를 해볼 것을 추천합니다.

한 줄 정리

공부 중간에 한숨 돌리고 싶을 땐 커피보다는 각성효과가 뛰어난 스텝박스 오르내리기가 좋다.

27

기억력을 극적으로 개선하는 손쉬운 습관

"적절한 휴식은 에피소드 기억을 강화시켜

학습 효과를 높인다."

약 45~60분의 낮잠으로 학습과 기억력이 최대 5배 상승한다

"요즘 들어서 집중력이 많이 떨어지는 걸 느껴요."

이런 사람은 지루해져서 그렇다기보다는 육체적 또는 정신적 피로가 한계에 도달한 나머지 몸에서 본능적으로 더 이상 공부하면 안 된다는 사인을 보내는 것일 수도 있습니다.

최근 많은 회사에서 휴식 시간에 낮잠이나 명상하기를 도입하고 있습니다. 업무 중 낮잠이나 명상 시간을 두는 것은 사실 기업 입장에서는 굉장히 아까울 수 있습니다. 그럼에도 적극적으로 도입하는 일류 기업들이 많은 이유는 8시간을 평소대로 일하는 것보다 낮잠을 자며 7시간을 일하는 것이 낫다는 것을 지금까지 경험적으로 체감해왔기 때문일 것입니다.

2019년 8월 일본 마이크로소프트는 주3일 휴일제의 도입 등을 시행하는 〈워크 라이프 초이스 챌린지 2019 여름〉을 한 달간 실시했더니 노동생산성이 전년 8월 대비 약 20퍼센트 향상되었다는 결과를 발표했습니다.

일본 굴지의 IT 기업인 이 회사는 최신 기술로 대체하며 아날로그 업무가 줄어들었기에 가능했던 부분도 있겠지만, 이 충격적인 숫자를 보면 얼마나 불필요한 업무가 많은지를 알 수 있습니다. 오랜 시간 일하는 것만이 능사는 아니라는 사실을 알리는 것 같습니다.

물론 공부는 일에 비하면 불필요한 작업의 비중이 그렇게 크지는 않겠지만, 그래서 더욱 장시간 집중하다가 지루해져 버리는 사람도 적지 않을 것입니다.

그래서 공부가 지루해질 때는 낮잠을 자야 합니다. NASA (미국항공우주국)의 로즈카인드 연구진에 따르면 비행사에게 평균 26분 동안 낮잠을 자게 했더니 수면 전보다 능력이 34퍼센트 향상되었다고 합니다. NASA가 주목할 정도이니 낮잠은 확실히 효과가 있다고 볼 수 있습니다.

낮잠과 공부의 효과를 검증한 연구도 있습니다. 바로 독일 자를란트대학교 스튜트 연구팀의 연구입니다.

41명의 실험 참가자에게 90개의 단어와 그 단어에서 연상되지 않는 전혀 무관한 120개의 단어를 의외의 조합으로 짝을 지어서 제시한 다음 이를 외우게 하고 다시 떠올리게 하는 테스트를 실시했다. 참가자는 단어를 본 다음 최대 90분의 낮잠을 자거나 같은 시간 동안 DVD를 시청한 후 테스트를 보았다.

그 결과 약 45~60분 낮잠을 잤을 때 학습과 기억력이 최대 5배 상승하였으며 암기 직후에 본 테스트 결과와도 거의 차이가 없었다고 합니다.

이 실험에서 흥미로운 점은 짧은 시간의 낮잠은 전화번호나 친구 이름처럼 단순한 정보를 외우는 기억과는 연관성이 없다는 점입니다. 수면 중인 참가자의 뇌파를 측정했더니 수면 중에 작용하는 수면방추파의 기능에 따라 금방 봤던 무관한 단어의 리스트라 해도 '그 리스트를 봤다'라고 하는 행동이나, 경험으로 기억을 불러내는 에피소드 기억이 강화되는 것으로 보입니다.

공부는 처음 듣거나 본 내용이라 할지라도 과거에 학습했던 것들과 유기적으로 연결됩니다. 바꿔 말하면 공부란 '지식'이라는 '점'들을 연결해서 '지혜과 지성'이라는 '선'으로 만들어나가는 과정입니다. 그렇게 생각한다면 하늘에서 뚝 떨어진 듯 낯선 학습 내용이라도 에피소드 기억으로 외우게 되면 지금까지 배운 것들과 쉽게 연결이 가능해 더 잘 기억하게 될 것으로 보입니다.

공부가 지루해진다는 문제에서 주제가 다소 벗어났는데요. 낮잠을 자고 나면 피로가 풀리면서 공부가 덜 지루해지고 기억에도 도움이 된다고 하니 일석이조입니다. 금방 싫증을 느끼는 건 어쩌면 너무 열심히 하려다 지쳐버린 것일 수도 있습니다. 적당히 휴식을 취하도록 노력해보기 바랍니다.

참고로 낮잠에 적당한 시간은 여러 연구 사례로 볼 때 다양한 설이 있습니다. NASA의 연구에서는 26분 이상 자면 오히려 멍해진다고 합니다. 그런데 사실 멍해지는 것과 기억력은 크게 상관이 없습니다. NASA 비행사처럼 그 업무가 생명과 직결된 것이라면 큰일이 날 수 있겠지만, 평범한 사람이라면 잠깐 멍해지는 것은 그다지 신경 쓰지 않아도 됩니다.

각자에게 적절한 낮잠 시간을 찾아 휴식과 함께 공부 효율을 높이시길 바랍니다.

한 줄 정리

공부가 지루해지기 시작하면 일단 무조건 쉰다. 가능하면 잠을 잔다. 그것만으로도 학습 효과가 극적으로 개선된다.

Chapter 5

공부한 만큼 성적이 안 나오는
사람들이 알아야 할 지식

공부가 가장 잘되는
'뇌의 골든타임'은 언제일까

"밤공부파와 새벽공부파, 승자는?"

확실하게 외워야 하는 것은 아침에 외우기

"공부는 밤에 더 잘된다", "아니, 아침에 더 잘된다."

공부하는 시간대에 대해서 의견이 분분합니다. 그렇다면 실제로는 공부하기에 아침과 밤, 어느 쪽이 더 좋을까요?

공부하는 시간대는 공부하는 사람에게는 매우 큰 고민거리입니다. 아침부터 밤까지 공부에 올인할 수 있는 수험생이 아니고는 공부와 다른 일을 병행해야 하는 사람이 훨씬 많기 때문이죠.

공부하는 시간대가 인풋 효율이나 기억의 정착률을 좌우한

공부한 만큼 성적이 안 나오는 사람들이 알아야 할 지식

다면, 이왕이면 더 효율적인 시간대를 찾아서 그 시간에 공부하는 쪽이 나을 것입니다. 여기서는 일본 도쿄대학교 시미즈 연구팀의 연구를 소개합니다.

처음 본 쌓기 나무와 예전에 본 적이 있는 쌓기 나무를 볼 때의 행동에서 차이를 보이는 실험용 쥐의 습성을 활용하여, 학습하고 나서 24시간 후의 테스트로 장기기억을 측정했다.

그 결과 쥐가 더 잘 기억하는 정도는 시간대에 따라 크게 달라지며 밤에 더 잘 기억한다는 사실이 밝혀졌습니다. 시미즈 연구팀이 참여한 또 다른 연구에서는 해마의 장기기억에 SCOP라는 단백질이 중요하다는 사실이 발견되었습니다. 이 SCOP를 관찰하고 유전공학적 방법으로 해마 시계를 제거한 쥐로 실험한 결과, 활동시간의 전반(前半)이 장기기억에 더 유리하다는 사실이 밝혀졌습니다.

장기기억 테스트는 5분 동안 쌓기 나무를 보여주고 24시간 후에 실시했으며, 쌓기 나무를 보여주고 8분 후 실시한 단기기억 테스트에서는 시간대와 상관없이 비슷한 기억력을 유지하는 것으로 관찰되었다고 합니다.

위의 연구 결과로 볼 때 깊은 사고력을 요구하는 공부나 확실하게 외워야 할 내용 등은 아침에, 간단한 암기 내용은 밤에 공부하는 것이 좋을 것으로 추측합니다.

실험 결과와 다르게 아침과 밤이 역전된 결론을 내린 이유는 쥐는 야행성이고 인간은 주행성이기 때문입니다. 뇌과학자 시게키 겐이치로도 아침을 '뇌의 골든타임'이라고 하면서 창조적인 일을 해낼 수 있는 가장 적합한 상태라고 말합니다.

같은 시간에 더 많은 내용을 공부하고 싶다면 밤보다는 아침에 공부하는 걸 추천합니다.

한 줄 정리

어떤 과제를 해결하는 데 시간이 너무 걸려서 비효율적이라고 느낀다면 아침형으로 바꿔본다.

공부한 만큼 성적이 안 나오는 사람들이 알아야 할 지식

29

날카로운 기억력을 유지하려면
몸 상태를 '이것'으로 만들어라

" '배고픈 소크라테스'가 될 수밖에 없는 이유."

공복 상태가 되면 기억력이 좋아진다

배가 부르면 이상하게 집중이 잘 안 되고 기억력이 떨어지는 것 같다고 느낀 적이 있나요? 감각이 아주 뛰어난 분이군요.

사실은 배고픈 정도에 따라서도 공부 효율이 달라지며, 배가 부르면 기억력이 떨어진다는 연구 보고가 있습니다. 여기서는 배고픈 정도와 기억의 연관성을 조사한 일본 도쿄도의학종합 연구소 히라노 연구팀의 연구를 소개합니다.

초파리에게 냄새와 전기쇼크를 동시에 가하는 혐오 학습을 시행했다.
9~16시간에 걸쳐서 아무것도 먹지 않은 초파리 그룹과 다양한 정도의
식사 상태로 나눈 그룹을 비교하여 기억에 미치는 영향을 조사했다.

그 결과 초파리는 학습 전에 공복 상태가 되면 기억력이 향상된다는 사실이 밝혀졌습니다.

초파리의 혐오 학습에 대한 장기기억은 이전까지의 실험에서는 여러 차례의 학습으로 형성되었고 전사인자 CREB 및 그 결합단백질 CBP가 필수적이었습니다. 그런데 공복으로 인슐린이 저하됨에 따라 인슐린으로 억제되어 있던 또 다른 CRTC라는 결합단백질이 활성화되면서 한 차례의 학습으로도 장기기억이 형성된다는 사실이 이 연구를 통해 확인되었습니다.

'그깟 초파리가?'라고 무시하지 마세요. CRTC는 인간에게도 있는 단백질이라서 사람에게도 적용할 수 있게 된다면 치매 치료나 새로운 기억술을 개발하는 길이 열릴 수도 있습니다.

이 연구에서는 파리가 극도로 굶주린 상태가 되면 음식에 관한 기억만 촉진된다는 사실도 밝혀졌습니다. 초파리는 의외

로 인간과 일치하는 유전자가 많으므로, 이런 현상은 인간에게도 충분히 적용될 만한 이야기입니다.

설령 이것이 사람에게는 적용되지 않는 이야기로 밝혀진다고 하더라도 공부할 때 배가 부르면 졸렸던 경험은 많이 있을 것 같습니다.

배가 너무 고파서 도저히 집중할 수 없는 극단적인 공복 상태는 문제가 되겠지만, 사람도 약간 배가 고픈 정도가 공부하기 가장 좋은 상태일지도 모르겠습니다.

한 줄 정리

밥을 잔뜩 먹고 "이제부터 공부해야지!"라고 마음먹어도 머릿속에는 들어오지 않는다. 약간 배가 고플 정도가 딱 좋다.

공부한 만큼 성적이 안 나오는 사람들이 알아야 할 지식

30

공부 효율을 끌어올리는
인터리브 학습법

"뇌는 주기적으로 새로운 자극을 필요로 한다."

15분마다 공부 내용에 변화를 주기

공부를 하거나 계획을 짜는 방법은 사람마다 각양각색일 것입니다. 여러분은 한 가지를 집중적으로 공부하는 타입인가요? 아니면 여러 가지를 동시에 공부하는 타입인가요? 예를 들어 토익 공부로 설명하자면, '오늘은 리스닝 내일은 리딩' 혹은 '지금은 리스닝 좀 있다가는 리딩' 이런 식으로 시간을 딱 정해서 공부하는 타입인지 아니면 리스닝과 리딩을 번갈아 가며 공부하는 타입인지를 말합니다. 전자를 반복 학습이라 하고 후자를 인터리브 학습(교차 학습)이라고 합니다.

공부한 만큼 성적이 안 나오는 사람들이 알아야 할 지식

그럼 어느 쪽이 더 효율적인 공부 방법일까요? 여기서는 미국 남캘리포니아대학교의 로라와 테일러가 실행한, 인터리브 학습의 유용성을 검증한 연구를 소개합니다.

18명의 대학생을 대상으로 다양한 도형의 부피를 계산하는 16개의 문제를 아래의 두 유형으로 나누어 풀게 했다.

① 다양한 유형의 문제를 섞어놓고 공부한다
② 비슷한 유형의 문제끼리 한 덩어리로 묶어놓고 공부한다

그 결과, 1주 후의 시험에서 ①의 방법으로 공부한 학생들의 성적이 더 향상되었다.

앞에서 미국 캘리포니아대학교 로스앤젤레스캠퍼스의 코넬과 비요크 연구팀이 실시한, 화가의 그림 특징을 가르치고 테스트하는 연구를 소개했는데요. 화가별로 정리할 때보다 여러 화가의 그림을 섞어서 가르쳤을 때 더 성적이 좋았다는 이 실험도 인터리브라 할 수 있습니다.

참고로 시험을 대비한 공부에도 인터리브가 효율적이라는 연구는 매우 많습니다. 즉 하루는 쭉 공부만 하고 그 다음 날에는 쭉 문제집만 푸는 것보다 하루에 공부와 문제 풀이, 심화학습 등을 번갈아 가며 공부하는 쪽이 결과가 더 좋다는 것입니다.

앞서 언급했듯 뇌에는 주기적으로 새로운 자극을 주는 것이 중요합니다. 교육공학적으로나 뇌과학적으로 보더라도 인터리브는 효과적이라고 저 또한 확신합니다. 저는 메이지대학교에서 교편을 잡고 있는데, 기본적으로 약 15분마다 수업 내용에 변화를 주려고 노력하고 있습니다. 개인에 따라서는 15분이 짧다고 느낄 수도 있습니다. 물론 좀 더 시간을 들여야 할 내용도 있겠지만 대략 이 정도의 시간이어야 학생들이 지루함을 덜 느낀다는 것이 제 개인적인 의견입니다.

앞으로는 학생들은 물론 교사나 강사들도 인터리브 학습을 진지하게 검토해야 할 것입니다.

한 줄 정리

평소 공부 스타일이 비효율적이라면 시간을 쪼개어서 공부 내용에 변화를 준다.

31

게임을 안 한다고
공부를 잘하는 건 아니다

"무엇이든 지나치지 않아야
공부에 도움이 된다."

적당한 게임은 유익하다

"공부도 해야 하지만 게임도 하고 싶어."

이런 얘기를 들으면 부모들은 "하고 싶은 것 다 하고 언제 공부할래?"라며 면박을 주겠지요.

하지만 게임은 잘만 활용하면 공부 효율을 높이는 도구가 될 수도 있습니다. 수학을 공부하다가 잠깐 계산 게임을 한다면 일종의 인터리브 학습이 되기도 합니다. 꼭 인터리브가 아니더라도 휴식이나 기분전환 효과를 기대할 수도 있고요.

물론 게임을 과도하게 한다면 성적이 떨어지겠지만, 일본 시즈오카대학교의 연구로 입증된, 공부에 효과가 있다는 책 읽기 역시 지나치면 공부에 방해가 됩니다. 게임이 꼭 부정적인 것만은 아니라는 말입니다.

여기서는 독일 라이프니츠 교육궤도연구소 티모 그남브스 연구팀의 연구를 소개합니다.

독일 청소년 3554명을 대상으로 하루 게임 시간이 수학과 독해 성적에 미치는 영향을 조사했다. 그 결과 게임 시간이 긴 경우 2년 뒤 성적이 떨어진 반면, 공부 시간을 확보한 참가자에게는 게임 시간이 수학과 독해 성적에 영향을 미치지 않은 것으로 나타났다.

약도 과하면 독이 되듯이 게임 자체가 독이 되는 건 아니라는 것입니다. 이 실험은 게임을 지나치게 많이 하는 것이 공부에 독이 될 수 있다는 점을 시사한다고 볼 수 있겠습니다.

'게임이 공부 효율을 높인다는 연구가 아니라면 굳이 소개할 필요가 있는가'라고 반론을 제기할지도 모르겠습니다. 하지만 게임을 사랑하는 이들에게는 이러한 연구 결과가 큰 의미가 있을 것이라고 생각합니다.

'공부는 유익하고 재미있는 것'이라고 느끼면서 해야 성과가 있는데, 좋아하는 게임을 공부 때문에 못 하게 된다고 하면 공부가 좋아질 리가 없습니다. 오히려 스트레스만 쌓일 뿐입니다. 게임을 적절히 하면서 스트레스가 쌓이지 않게 하는 것이 공부의 효율 측면에서도 매우 중요합니다.

한 줄 정리

게임을 사랑하는 사람이 게임을 전혀 못 한다면 도리어 스트레스가 된다. 공부 사이사이에 적당히 게임 시간을 둔다.

공부한 만큼 성적이 안 나오는 사람들이 알아야 할 지식

32

30초 만에 뇌를 자극해 기억력을 높이는 방법

"핵심은 에피소드 기억을 관장하는
뇌 부위를 깨우는 것."

안구를 좌우로 움직이면 좌우 뇌가 자극된다

"지금의 학습법과 생활 습관을 최대한 그대로 유지하면서, 당장 실천했을 때 바로 효과가 나타나는 마법 같은 방법이 있었으면 좋겠는데, 어디 없을까?"

혹시 이런 생각을 했다면, 눈에 주목하기 바랍니다. 단 30초로 기억력이 향상되는 방법, 바로 도약 안구 운동(saccade eye movement)입니다.

도약 안구 운동이란 안구를 신속하고 미세하게 움직이는 동작을 말합니다. 이 도약 안구 운동은 우리가 의식하지 않을 때도 자주 일어난다고 합니다.

여기서는 이 안구 운동에 대해 영국 맨체스터메트로폴리탄 대학교의 파커 교수가 연구한 내용을 소개합니다.

102명의 대학생에게 녹음된 단어를 들려주고 기억 테스트를 실시했다. 참가자는 다음의 세 그룹으로 나누었다.

A : 테스트 전에 안구를 좌우로 30초 동안 움직이는 도약 안구 운동을 한다.

B : 테스트 전에 안구를 상하로 30초 동안 움직이는 도약 안구 운동을 한다.

C : 가운데로 시선을 고정(아무것도 안 함)한다.

단어 리스트에는 '바늘'을 연상시키는 '재봉', '뾰족하다'와 같은 단어를 넣었으나 테스트에는 '바늘'이라는 단어를 넣지 않는 식의 속임수 문제를 냈다. 테스트에서 '바늘'이라고 답을 적으면 귀로 들은 단어가 아니라 머리로 연상했던 단어일 가능성이 있으므로 오답으로 처리했다.

그 결과 그룹 A가 들었던 단어를 가장 많이 기억하고 있었으며, 다른 그룹보다 오답이 적은 것으로 나왔습니다. 상하가 아닌 좌우 운동은 좌뇌와 우뇌를 자극하는 효과가 있기 때문으로 추측됩니다.

좌우로 안구 운동을 하면 에피소드 기억 등을 지배하는 뇌 부위와의 상호작용이 촉진되면서 에피소드 단위의 기억으로 쉽게 외워지기 때문입니다.

단 30초면 됩니다. 이거라면 당장 실천할 수 있겠죠?

설령 기억력에 직접적인 효과가 없더라도 기분전환이나 눈의 피로를 해소하는 등 다른 효과를 기대할 수도 있습니다.

한 줄 정리

공부 시작 전에 안구를 좌우로 30초 동안 움직인다. 단 30초의 안구 운동으로 기억력이 향상된다.

33

공부 후에
근력운동을 해야 하는 이유

"공부와 운동은 떼려야 뗄 수 없는 사이."

공부 후 근력운동은 기억력을 20퍼센트 높인다

지금의 학습 방식을 유지하면서 효율을 높이는 방법을 또 하나 소개합니다. 공부가 끝나고 하는 근력운동입니다.

뇌로 혈액을 공급해 뇌를 활성화하기 위해서는 걷기나 뛰기 같은 유산소운동이 좋다고 앞서 얘기했는데요, 근력운동과 같은 무산소운동에도 공부에 영향을 끼치게 만드는 방법이 있습니다.

여기서는 미국 조지아공과대학교의 와인버그 연구팀이 실시한 연구를 소개합니다.

공부한 만큼 성적이 안 나오는 사람들이 알아야 할 지식

각 23명씩인 두 그룹의 반응잠시(latency, 자극을 받고 나서 반응하기
까지의 시간)를 조사한 다음 90장의 사진을 보여주고 기억하게 했다.
그리고 이틀 후에 새로운 사진 90장을 섞은 180장의 사진을 보여주
고 처음에 보여줬던 90장을 맞추게 했다.
이 테스트를 하기 전 그룹 A에게는 레그익스텐션 머신을 양다리 각
각 50회씩 실시하게 했고, 그룹 B는 그냥 의자에 앉아 있도록 했다.

그 결과 그룹 B는 사진의 50퍼센트를 기억해낸 데 비해 그룹
A는 60퍼센트를 기억해낸 것으로 나타났습니다. 즉 공부 후
근력운동을 한 결과 기억력이 10퍼센트 향상된 것입니다.

이 연구에서 흥미로운 것은 운동을 공부 후에 했다는 점입
니다.

운동과 공부에 관한 연구의 대부분은 공부나 기억력 테스트
를 하기 전에 운동을 한 사람들, 또는 기억을 관장하는 해마를
증가시키는 댄스처럼 운동이 습관화된 참가자 그룹을 장기간
에 걸쳐서 연구하는 경우입니다.

어느 경우이든 무산소운동도 유산소운동과 마찬가지로 기
억에 좋은 영향을 끼친다는 것은 확실한 듯합니다.

근력운동을 한다면 공부 전보다는 후에 하세요. 굳이 운동 기구를 이용하지 않아도 스쿼트나 복근운동처럼 집에서 할 수 있는 근력운동도 괜찮습니다.

단, 다음 날까지 피로가 쌓일 만큼 심하게 운동하지는 않기 바랍니다. 특히 평소 운동을 하지 않던 사람은 조심하세요. 레 그익스텐션 50회를 얕잡아봐선 안 됩니다.

한 줄 정리

공부 후 근력운동을 하면 지금의 학습 방식을 유지하면서도 효율 이 오르고 기억력이 향상된다.

공부한 만큼 성적이 안 나오는 사람들이 알아야 할 지식

34

어휘력을 대폭 늘리는
사전 활용법

"맨 처음 뜻에 만족하지 말 것."

주변 정보까지 조사하면 장기기억으로 잘 정착된다

여러분은 공부할 때 사전을 활용하나요?

요즘은 두꺼운 종이사전 대신 인터넷 사전이나 어플리케이션을 사용하는 경우가 많지요. 그런데 사전을 어떻게 활용하느냐에 따라 학습 효과에 차이가 난다는 사실은 잘 알려지지 않은 듯합니다.

지금까지 사전에 관한 다양한 연구들이 이루어졌습니다. 가령 영어의 경우, 영영사전(단일언어 사전)과 영한사전(이중언어 사전) 중 어느 쪽이 더 좋은지에 관한 논쟁은 이전부터 있었습니다.

여기서는 모국어가 한국어가 아니라 이탈리아어어이고, 영한 사전과 영이사전이라는 차이는 있으나 이 주제에 대해 이란 아바즈 샤히드참란대학교의 하야티와 파타자데가 조사한 연구를 소개하겠습니다.

실력에 따라 결과에 차이가 나지 않도록 사전에 토플 시험을 쳐서 서로 비슷한 실력으로 조정된 이탈리아인 대학생 각 30명씩의 두 그룹에 영영사전(단일언어 사전)과 영이사전(이중언어 사전)을 사용하여 시간제한을 두지 않고 영어 문장을 읽게 했다.

이 두 그룹에 대해 단어 시험을 문장을 읽기 2주 전, 직후, 2주 후, 4주 후에 실시한 결과 영영사전과 영이사전에 따른 성적 차이는 거의 없었습니다.

대신 읽는 속도는 영이사전을 사용한 그룹이 더 빠른 것으로 나타났습니다. 또 시간에 제한이 없는 경우 영영사전이 장기기억이라는 관점에서 볼 때 더 깊은 이해로 이어진다는 사실이 밝혀졌습니다.

즉 효율적인 학습에는 이중언어 사전이 더 좋고 시간이 걸

리더라도 더 깊은 이해가 필요할 때는 단일언어 사전이 좋다는 것이죠.

이 결과를 보충하는 내용으로 일본 교아이가쿠엔마에바시 국제대학교의 나카야마와 주오대학교의 오하시에 의한 연구도 있습니다. 나카야마와 오하시는 사전 사용법을 익히는 것도 중요하다고 지적합니다.

많은 학습자가 사전을 볼 때 수많은 어의 중 제1의(義), 즉 제일 앞에 기재되어 있는 의미만 찾아보는 경향이 있다고 합니다. 이 때문에 기껏 사전을 봐도 정확한 독해로 이어지지 않는 것입니다.

영영사전의 경우 찾으려는 단어의 뜻을 바로 이해하기 어려우므로 주변 정보를 더 찾아보려 할 가능성이 있습니다. 그래서 제1의만 찾으면 되는 학습에는 비효율적일 수 있으나 장기기억으로 잘 정착되는 심화 학습에는 더 효과적이라 할 수 있습니다.

본래 단어의 뜻은 하나만 있는 것이 아니고 문맥이나 전달 방법에 따라 변하기 마련입니다. 예를 들어 '얼굴'이라는 단어만 놓고 보더라도 우리가 가장 대표적으로 쓰는 '눈, 코, 입이

공부한 만큼 성적이 안 나오는 사람들이 알아야 할 지식

있는 머리의 앞면'이라는 뜻도 있지만 '주위에 잘 알려져서 얻은 평판이나 명예 또는 체면' 등 다른 여러 뜻이 있어서 문맥에 따라 그 단어의 쓰임새가 달라집니다. 다의어, 즉 뜻이 많은 단어는 특히 까다롭습니다.

최근의 어휘교육연구에서는 핵심 의미(core meaning)에 대한 이해의 중요성을 특히 강조합니다. 핵심 의미란 단어의 여러 뜻 중에서 '최대공약수적'인 뜻을 의미합니다. 이를 이해하면 문맥에서 가장 알맞은 단어의 뜻을 효과적으로 끄집어낼 수 있다고 많은 학자가 주장합니다.

핵심 의미를 알고 있으면, 또한 어느 정도 단어를 익혀 핵심 의미로부터 이해하는 사고방식을 익히면 아무리 의미가 많은 단어라 해도 문맥에 따라 가장 알맞은 의미를 파악할 수 있습니다. 나아가 사전에 올라 있지 않은 뉘앙스까지 이해할 수 있게 됩니다.

이처럼 사전은 어떻게 활용하느냐가 매우 중요합니다. 코앞에 닥친 시험공부 때문에 사전을 봐야 한다면 제1어의를 찾는 것만으로도 충분하지만, 더 깊이 있는 본질적인 공부를 하길 원한다면 제1어의는 물론 나머지 뜻에 대해서도 찬찬히 살펴보시기 바랍니다. 영영사전뿐만 아니라 영한사전이나 한자사전도 마찬가지로 제1의 외에 다른 뜻까지 읽는 것이 장기기억으로의 정착에 도움이 됩니다.

한 줄 정리

사전을 펼 때 맨 처음에 나오는 의미뿐만 아니라 다른 뜻도 함께 보면 더 깊은 공부를 할 수 있다.

공부한 만큼 성적이 안 나오는 사람들이 알아야 할 지식

35

자면서도 공부할 수 있는
방법이 있다?

"약간의 이득을 얻으려다
더 큰 것을 잃을지도 모른다."

찬반양론이 분분한 학습법

자는 동안에도 공부할 수 있다면 그보다 더 좋을 수는 없겠죠. 처음 들어보는 독자분도 있겠지만, 사실 수면학습은 예전부터 찬반양론이 분분했던 학습법입니다.

수업 중에 꾸벅 졸고 있는 사람을 두고서 "수면학습을 하고 있군" 하고 비꼬아서 얘기하곤 합니다. 영어에도 이와 유사한 표현이 있습니다. 책상에서 책을 베개 삼아 졸고 있는 모습을 'learning by osmosis(침투로 학습하기)'라고 말합니다. 책에다 머리를 대고 있으니 책의 내용이 머릿속으로 스며든다는 이야기입니다.

우리 몸이 자는 동안에도 뇌는 계속 작동하고 있으므로 그런 면에서 보면 수면학습이 과학적으로 꼭 말이 안 되는 것만은 아닙니다. 이런 특성을 활용해서 자는 동안에 뇌로 정보를 주입해 암기시키자는 타당한 논리에 입각한 학습법인 셈이죠. 정말로 효과가 있다면 잠이 많아 걱정인 사람에게 이보다 최고의 학습법은 없을 것입니다.

그런데 실제로 수면학습은 효과가 있을까요?

여기서는 효과가 있다고 주장하는 학자들의 연구를 몇 가지 소개하겠습니다.

독일 뤼벡대학교의 빌헬름 연구진은 11~13세의 실험 참가자 14명에게 취침 2시간 전에 실험실로 오게 했다. 그리고 뇌파 측정기를 착용하고 네덜란드어와 독일어를 짝지은 92개의 단어를 외우게 한 다음 취침하게 했다. 취침 후 논렘수면(깊은 수면)에 돌입하면 45분간 학습한 단어의 절반을 스피커의 음성으로 듣게 했다.

그리고 기상 후 45분 이내에 단어 테스트를 실시하고 1주 후에 학습한 단어가 장기기억으로 남아 있는지를 테스트했다.

그 결과 취침 동안 음성으로 들은 단어를 듣지 않은 단어보다 기상 후 더 많이 기억하고 있는 경향이 확인되었습니다. 단, 통계적으로 유의미한 수치에는 조금 못 미치는 결과였습니다.

이 실험에서는 뇌파도 함께 측정했는데, 기억을 관장하는 뇌 영역인 해마와 관련성이 큰 세타파가 취침 중 단어를 틀어놓았을 때만 활발하게 관측되는 것으로 나타났습니다. 즉 자면서도 뇌는 들려오는 단어를 기억하려고 한다는 것입니다.

미국 노스웨스턴대학교 안토니 연구팀의 연구에서는 16명의 실험 참가자에게 컴퓨터 화면에 나타나는 원에 맞추어 키보드를 두드리면 음계를 연주할 수 있는 프로그램을 사용하여 ① 높은 음정으로 구성된 세트 ② 낮은 음정으로 구성된 세트를 연주하게 했습니다.

각 세트의 음계는 12음계로 구성되었고, 실험 참가자는 5회씩 각 세트(멜로디)를 연습했습니다. 연습 후 실험 참가자에게 낮잠을 자게 했고, 자는 동안 자기 전에 연습했던 세트 중 하나를 들려주었습니다. 그리고 비교를 위해 다른 음정으로 구성된 세트를 자기 전과 기상 후에 들려주었습니다.

기상 후 얼마나 음계를 기억하고 있는지를 테스트한 결과

공부한 만큼 성적이 안 나오는 사람들이 알아야 할 지식

자는 동안에 들었던 음계를 더 잘 기억하고 있는 것으로 나타났습니다.

이들 실험으로 볼 때 수면학습이 전혀 효과가 없다고는 할 수 없겠지만, 자기 전에 공부했던 내용을 자는 동안 소리로 반복했을 때 조금 더 잘 기억했다는 사실을 생각해볼 필요가 있습니다. '자는 동안에 소리를 듣기만 하면 단어가 저절로 외워진다'와 같은 꿈같은 이야기가 아니라는 뜻입니다.

그렇다면 적극적으로 권할 만한 학습법은 아니라는 게 제 개인적인 견해입니다. 실증되었지만 극적인 효과가 있는 것이 아니며, 공부한 내용을 음성으로 녹음해야 하는 번거로움과 시간을 생각한다면 그다지 효율적이지 않기 때문이죠. 단, 외국어 학습 교재처럼 이미 음성으로 녹음된 교재가 있다면 자기 전에 공부해보고 자면서도 또 한 번 수면학습을 해볼 만한 가치는 있을 것 같습니다.

그런데 수면학습보다 더 확실하게 과학적으로 입증된 사실은 밤을 새거나 잠을 적게 자는 것이 뇌에 타격을 준다는 것입니다. 수면학습을 실천하려다가 잠을 푹 못 자거나 소리가 들리는 순간 잠이 깨어버려서 수면시간이 부족해진다면 오히려 역효과가 날 수 있으니, 시도해보기 전에 충분히 고려하기 바랍니다.

한 줄 정리

수면학습에 극적인 효과는 없다. 그보다는 밤을 새거나 짧게 자는 등에 따른 뇌 손상에 주의한다.

홋타 교수의 공부 비결

특별히 추천하는 공부법 2

133쪽에 이어, 여러 과학 논문을 연구한 결과와 저의 개인적 경험을 토대로 특히 추천할 만한 방법을 상황별로 정리했습니다. 이미 읽은 내용이라도 다시 한번 되새겨보기 바랍니다.

이런 고민에는 이런 해결책 BEST 5

❶ 졸리다

졸음을 쫓는 데는 커피보다 스텝박스 오르내리기가 효과적이다 156쪽

❷ 공부 의욕이 안 생긴다

내키지 않더라도 일단 시작부터 하면 뇌는 저절로 의욕을 느낀다 104쪽

❸ 집중이 안 된다

너무 조용한 환경보다는 약간의 소음이 집중에 도움이 된다 146쪽

❹ 공부가 재미없고 지루하다

억지 미소로 뇌를 속이면 지루한 공부가 재미있어진다 114쪽

❺ 시험에서 제대로 실력을 발휘하고 싶다

시험 직전 에어스쿼트로 혈액순환을 개선해 뇌를 활성화한다

228쪽

공부의 효율을 더욱 높이는 방법 BEST 5

❶ 밤보다는 아침 공부가 '뇌의 골든타임'이다 170쪽

❷ 공복이 날카로운 기억력을 유지하게 해준다 174쪽

❸ 타임 랩스 공부법은 '관중 효과'로 공부에 더욱 몰입하게 만든다 142쪽

❹ 주의력, 집중력, 기억력을 끌어올리는 데에는 요가가 효과적이다 96쪽

❺ 만화로 배운 학습 내용이 이해를 돕는다 46쪽

Chapter 6

공부에 대한 오해가
성적을 갉아먹는다

열심히 듣는다고
영어가 늘지는 않는다

"영어 귀가 트이는 일은
생각처럼 쉽게 일어나지 않는다."

영어 흘려듣기의 한계

흘려듣기만 해도 영어회화를 잘할 수 있게 된다는 이야기를 많이 들어보았을 겁니다. 그래서 영어공부를 할 때 귀에 들어오든 안 들어오든 상관하지 않고 밤낮없이 영어라디오나 유튜브를 틀어놓는 사람이 많습니다. 이른바 귀가 트이길 기대하는 것이겠죠.

혹하는 말이긴 하지만 그저 흘려듣기만 한다고 영어가 유창해지지는 않습니다. 단어도 문장도 안 외워집니다. 흘려듣는 듯하면서 흘려듣지 않고 제대로 인풋하는 방법이 사실은 따로 있습니다.

과학적으로 효과가 입증된 영어 공부법을 소개하겠습니다.

먼저 소개하는 것은 토익 시험 대비 공부법입니다. 미국 위스콘신대학교 쿨 박사의 연구입니다.

> 미국인 영유아에게 12회에 걸쳐서 처음으로 중국어를 접하게 했다.
> 다음 세 가지의 조건으로 실험을 실시했다.
>
> ① 사람이 말을 건넨다
> ② 온라인으로 들려준다
> ③ 곰 인형 영상을 보여주면서 음성만 들려준다

그 결과 ②, ③에서는 학습효과가 없는 것으로 밝혀졌습니다. 진짜 사람과 직접 소통하는 것이 아니라면 그냥 소음으로 인식할 뿐이라는 것입니다.

언어를 습득하려면 임계기라고 하는 시기까지 언어를 듣는 것이 중요하며, 생후 6개월 무렵부터 8개월까지의 기간이 최초의 임계기라는 설이 있습니다. 이 시기에 귀로 들은 언어를 뇌가 처리함으로써 필요한 언어를 습득할 수 있도록 뇌가 바뀐다는 것입니다.

이는 모국어 이외의 언어에도 해당하는 이야기입니다. 새로운 언어(외국어)를 접하더라도 이 언어를 뇌가 처리하면서 제2언어로서 모국어와 분리하여 이해할 수 있게 됩니다.

임계기에 관해서는 의견이 분분하지만, 진짜 사람과의 소통이 중요하다는 연구 결과는 매우 흥미롭습니다.

어느 정도 성장한 사람이라면 자라는 동안 습득한 지식으로 컴퓨터로도 외국어를 학습할 수 있습니다. 온라인이더라도 직접 대화를 한다면 학습효과는 높을 것입니다.

일본 나고야외국어대학교의 다지노에 따르면 영어를 모국어로 하는 아이가 문법을 거의 완벽하게 습득하는 나이는 5세경이며 그때까지 1만 5000시간에서 2만 시간 정도 영어에 노출된다고 합니다. 그에 반해 일본의 공교육에서 영어를 학습하는 시간은 중고등학교 통틀어서 1000시간 정도밖에 되지 않는다고 합니다. 게다가 대부분 임계기를 지난 후에 영어를 배우기 시작하므로 당연히 숙련도에서 큰 차이가 생길 수밖에 없습니다.

흔히 외국어를 익히는 데는 현지에서 체류하는 것이 가장 좋다고 말합니다. 그 이유는 모국어가 통하지 않는 강제적인 환경에 놓이는 데다가 인풋 면에서 질적으로나 양적으로나 가장 효율적인 환경이라서 그렇습니다. 현실적으로 불가능하다면 온라인으로라도 소통하며 영어를 듣고 말할 수 있는 환경을 만들면 훨씬 수월하고 자연스럽게 영어를 익힐 수 있을 것입니다.

한 줄 정리

영어가 유창해지는 지름길은 의사소통을 할 때 최대한 영어만 쓰는 것이다.

공부에 대한 오해가 성적을 갉아먹는다

37

무작정 외우는 방식의 복습은
무의미하다

"공부한 내용을 잊어버리지 않으려면

장기기억으로 전환시켜야 한다."

교재를 자세히 읽는 것보다는
생각하는 테스트가 더 기억에 남는다

공부하는 사람이라면 누구나 공부한 내용을 절대로 잊어버리지 않았으면 좋겠다는 마음을 갖고 있을 것입니다. 사실 공부할 때 가장 많은 시간을 쏟는 부분도 배운 내용을 암기하는 것이니까요.

이런 고민을 덜어줄 미국 퍼듀대학교의 카픽과 세인트루이스 워싱턴대학교의 로디거에 의한 연구를 소개합니다.

공부에 대한 오해가 성적을 갉아먹는다

대학생 40명에게 스와힐리어와 영어를 짝지어놓은 40개의 단어를 외우게 한 다음, 첫 번째 시험을 봤다. 그 후 학생을 다음의 네 그룹으로 나누어서 스와힐리어의 재학습(단어와 뜻을 공부한다)과 재시험(단어를 보고 뜻을 스스로 생각해본다)을 반복시키고 1주 후에 두 번째 시험을 봤다.

A : 전체 단어에 대한 재학습과 재시험으로 공부한다.

B : 직전 시험에서 오답이었던 단어만을 재학습시키고 전체 단어에 대한 재시험으로 공부한다.

C : 전체 단어를 재학습시키고, 직전 시험에서 오답이었던 단어에 대해서만 재시험으로 공부한다.

D : 직전 시험에서 오답이었던 단어에 대해서만 재학습과 재시험으로 공부한다.

그 결과 그룹 A와 B의 평균 점수는 약 80점, C와 D의 평균 점수는 약 35점이었습니다. 첫 번째 시험에서의 평균 점수는 약 30점이었습니다.

첫 번째 시험을 보고 난 후의 공부는 다음 재시험에서 전부 다 맞을 때까지 재학습→재시험의 방식을 반복했습니다. A~D

뇌가 좋아하는 공부 사전

각각의 학습 내용이 서로 다르므로 총 공부 시간에 차이가 났는데 그룹 B와 C는 그룹 A의 약 75퍼센트, 그룹 D는 그룹 A의 약 50퍼센트였습니다.

이러한 것을 고려해볼 때 그룹 A가 공부한 시간의 75퍼센트만 공부하고도 동일한 점수를 얻은 그룹 B의 공부 효율이 좋다는 것을 알 수 있습니다.

공부한 것을 잊어버리지 않도록 단기기억에서 장기기억으로 이행시키기 위해서는 해마가 이를 중요한 정보라고 인식하는 것이 중요합니다. 그리고 그 방법론으로는 자료를 그냥 읽기만 하는 것보다 공부한 내용을 다시 생각나게 만드는 시험 방식이 확실히 유효하다고 할 수 있습니다.

물론 시험에서 정답을 맞히려면 적어도 한 번은 외워야 하므로 교과서나 참고서 등의 교재와 자료를 읽어보는 과정은 꼭 필요합니다.

그러고 나서 복습을 할 때는 시험과 같은 실전 형식을 도입하는 것이 좋습니다. 시험을 보면 내가 지금 얼마나 잘 외웠는지 확인할 수 있고, 시험 결과를 보고 이건 확실히 외웠다는 확신이 들면 앞의 실험 그룹 B처럼 그 뒤의 재학습을 건너뛸 수 있습니다.

공부할 분량이 넘쳐나는 학습자에게는 같은 시간 내에 얼마나 많은 공부를 하느냐가 중요합니다. 불필요한 시간 낭비가 없어지면 저절로 공부 효율도 올라갈 것입니다.

한 줄 정리

복습할 때는 자료를 자세히 읽기만 하지 말고 시험을 보는 방식을 도입하면 효율이 올라가고 성과도 좋아진다.

뇌가 좋아하는 공부 사전

공부에 대한 오해가 성적을 갉아먹는다

38

완벽한 복습을 위한
1:5 법칙

"공부하고 나서 바로 복습하는 것은
장기기억으로의 정착에 별로 도움이 안 된다."

공부를 하고 난 후 간격을 두고서 복습하기

금방 까먹는 사람은 집중학습보다는 분산학습이 좋다는 이야기를 앞서 했는데요. 여기서는 더 구체적인 복습 타이밍을 소개하겠습니다. 바로 미국 캘리포니아대학교 샌디에이고캠퍼스 세페다 연구팀이 찾아낸 1:5 법칙입니다.

역사적 사실을 외워야 하는 전체 32개의 문제를 공부하게 하고, '공부→간격①→복습→간격②→시험'의 흐름으로 참가자 1354명을 간

공부에 대한 오해가 성적을 갉아먹는다

그 결과 공부하고 7일 후에 시험을 본 경우는 간격①을 1~2일, 35일 후에 시험을 본 경우는 간격①을 약 6~7일로 두었을 때 성적이 가장 높았습니다. 참고로 간격①을 0으로 하여 공부하고 바로 복습하는 집중학습의 경우 간격②가 며칠이든 상관없이 성적이 가장 낮았습니다. 역시 집중학습은 고정적인 장기기억으로 가기에는 적합하지 않다는 것입니다.

그럼 1:5 법칙이란 무엇일까요?

이는 간격①을 간격②의 20퍼센트 정도로 하는, 즉 둘의 비율을 1:5로 하는 방법입니다.

예를 들어 공부하고 한 달 뒤에 시험이면 약 5일 뒤, 두 달 뒤면 약 10일 뒤에 복습하는 것입니다. 좋은 성적을 내야 하는 시험을 봐야 하거나 시험 날짜가 정해져 있을 때는 꼭 복습 계획을 세울 때 참고하시기 바랍니다.

그럼 분산학습을 할 때는 복습을 몇 번 정도 하는 것이 좋을까요? 시험 날짜까지 얼마 남지 않았다면 한 번으로도 충분하지만 1년이나 3년처럼 장기적으로 공부를 해야 할 때는 몇 번 복습하는 것이 효과적인지 궁금합니다.

두 번째 공부 이후의 복습 타이밍에 관하여 참고할 만한 연구가 있습니다. 바로 앞에서도 소개했던 카픽과 로디거가 실시한 또 다른 연구입니다.

연구팀은 실험 참가자에게 단어를 외우게 하고 그에 대한 복습으로 쪽지 시험을 세 번 실시한 다음 최종 시험을 다음 두 그룹으로 나누어서 보게 했습니다.

① (세 번째 쪽지 시험의) 10분 뒤에 실시
② (세 번째 쪽지 시험의) 2일 뒤에 실시

또 각 그룹은 다시 아래 두 그룹으로 나누어 복습(쪽지 시험)하게 했습니다.

A그룹 : 5:5:5 간격
B그룹 : 1:5:9 간격

그러자 ①의 경우 그룹 B의 성적이 좋았으나 ②에서는 그룹 A가 더 높은 결과로 나왔습니다. 즉 똑같은 간격으로 복습하는 것이 장기기억으로 이행되기 쉽다는 결론이 나왔습니다.

그룹 B의 복습 방법을 확장분산학습이라고 합니다. 앞서 '최근에는 확장분산학습 효과에 의문을 제기하는 연구가 늘어나고 있다'라고 언급했는데요. 카픽과 로디거의 이 연구가 바로 그것입니다.

확장분산학습이 효과가 있고 없고를 떠나, 중요한 사실은 자신에게 무리가 되지 않는 스케줄에 따라서 공부하고 복습해야 한다는 것입니다.

공부법의 효율을 따지느라 정작 공부에 집중하지 못한다면 주객이 전도되는 꼴임을 잊지 말기 바랍니다.

한 줄 정리

시험을 대비해서 복습하는 타이밍은 단기라면 공부하고 나서 며칠 뒤, 장기라면 똑같은 간격으로 여러 번 하는 것이 좋다.

Chapter 7

실전에 약한 유리 멘탈을
강철 멘탈로 바꾸는 법

시험 시작 직전
뇌를 활성화하는 방법

"시험 직전 긴장한 몸에 자극을 주어
각성시키자."

에어스쿼트가 성적을 두 배로 올려준다

"모의고사 성적은 잘 나왔었는데…."

"자격증 따는 건 문제없을 거라 생각했는데…."

공부할 때는 전혀 문제가 없었는데 너무 긴장한 나머지 실전에서 제 실력을 발휘하지 못했다는 얘기를 종종 듣습니다. 100의 실력을 시험이나 면접에서 50퍼센트밖에 발휘하지 못한 사람보다 60의 실력을 100퍼센트 발휘한 사람이 높은 평가를 받는 경우는 아무래도 있을 수밖에 없습니다.

공부에서도 마음을 가다듬는 것은 정말 중요한 요소입니다.

하지만 유리 멘탈인 사람이 어느 날 갑자기 강철 멘탈이 되기는 아무래도 어렵겠죠. 우선은 '이건 내가 이겨낼 수 있을 것 같은데?'라고 뇌를 속이는 방법을 실천해보시기 바랍니다.

뇌를 계속 속이면서 몇 번 성공하다 보면 실전에서도 실력 발휘를 제대로 할 수 있는 강철 멘탈로 바뀔 수 있습니다.

그 첫 번째 방법은 에어스쿼트입니다.

미국 남일리노이대학교의 힐 연구팀에 의한 연구를 소개합니다.

15명을 대상으로 신체 측정을 하고 20초간 직립하게 한 후 에어스쿼트를 한 그룹과 직립한 그룹으로 나누었다. 딱딱함의 정도가 다른 세 종류의 바닥에서 각각 테스트를 실시한 뒤 뇌파를 측정했다.

그 결과 에어스쿼트를 한 그룹은 그렇지 않은 그룹보다 테스트 성적이 최대 두 배 높은 결과를 나타내는 등 전체적으로 성적이 높았습니다.

핵심은 에어스쿼트가 하반신을 단련하는 트레이닝이라는 점입니다. 종아리는 전신으로 피를 순환시키는 제2의 심장이라 불리기도 합니다. 종아리 근육에 부하를 주면 운동을 마치고 난 후 펌프 기능이 활발해져 혈액순환이 좋아지면서 뇌를 활성화시키는 것으로 보입니다.

단순히 혈액순환을 좋게 하는 것이라면 유산소운동이 더 나을 수도 있지만, 아무래도 유산소운동은 시간과 공간에 제약이 있습니다. 시험 직전에 긴장이 된다고 "저 잠깐만 운동장 좀 뛰고 올게요"라고 할 수는 없는 노릇이니까요.

그에 비해 에어스쿼트는 그 자리에서 바로 할 수 있고 체력이 약한 사람에게도 약간의 운동으로도 꽤 큰 자극이 됩니다. 에어스쿼트는 그만큼 짧은 시간에 혈액순환을 개선하는 트레이닝이라 할 수 있습니다. 시험 전 긴장한 몸에 자극을 주어 각성시키면, 결과적으로 실력을 더 잘 발휘하게 될 것입니다.

한 줄 정리

시험 보기 전 긴장될 때 에어스쿼트 자세로 하반신에 자극을 준다. 그러면 혈액순환이 좋아지면서 뇌가 활성화된다.

실전에 약한 유리 멘탈을 강철 멘탈로 바꾸는 법

40

화장실 가는 것을 참으면
생각이 예리해진다

"절박한 상황에서 당황하지 않고
냉철함을 유지하는 방법."

요의가 커지면 잘 속지 않는 사고로 전환된다

'시험 시작이 코앞인데 너무 긴장한 나머지 그만 화장실 다녀오는 걸 깜빡했다. 당장 화장실로 달려가서 볼일을 볼 것인가 아니면 참고 있다가 시험이 다 끝나고 나서 갈 것인가?'

그냥 참고 있자니 신경이 모두 그쪽으로 쏠려서 실력을 제대로 발휘하지 못할 것 같다는 생각이 들지 않나요? 그런데 네덜란드 트벤테대학교 투크 연구팀의 연구를 보면 '생각보다 나쁘진 않겠는데?'라고 생각할지도 모르겠습니다. 참고로 이 연구는 이그노벨상(미국 하버드대학교의 유머 과학 잡지사가 기발한 연구나 업적에 대해 수여하는, 노벨상을 풍자해서 만든 상-역자)을 수상했습니다.

이그노벨상을 받았다고 하면 왠지 말도 안 되는 이상한 연구라는 인식을 많이들 갖고 있는데요. 그보다는 재미있고 흥미로운 연구가 좀 더 세상에 알려지기를 바라는 마음으로 상을 수여하는 경우가 많습니다.

2010년 〈2차원 물질 그래핀에 관한 혁신적 실험〉으로 노벨상을 탄 물리학자 안드레 가임은 2000년 〈개구리의 자기부상〉으로 이그노벨상을 타기도 했습니다. 유일한 노벨상과 이그노벨상 동시 수상자로 유명합니다. 그 밖에도 여러 뛰어난 학자들이 이그노벨상을 탄 바 있습니다.

화장실 이야기로 다시 돌아가겠습니다.

투크 연구진은 네 가지 실험을 했습니다. 실험내용을 다 소개하면 너무 길어지므로 결과만 간단히 정리해서 설명하겠습니다.

연구진은 〈스트루프 과제(stroop task)〉를 이용하여 실험을 진행했습니다. 이 과제는, 예를 들어 빨간색으로 '파랑'이라 표시된 글자의 색을 물으면 파란색으로 '파랑'이라 표시된 글자의 색을 물을 때보다 반응이 늦게 나오는 효과를 이용한 과제를 말합니다. 주로 뇌의 반응을 조사하는 실험으로 자주 쓰입니다.

이 스트루프 과제를 이용하여 대학생 193명에게, 표시된 단어의 의미와 색을 말하게 했더니 오답 횟수와 요의 사이에 유의미한 상관관계는 나타나지 않았습니다. 그리고 단어의 색을 대답할 때는 요의가 절박한 사람일수록 응답시간이 짧아지는 것으로 나타났습니다(단어의 의미를 답할 때의 응답시간은 요의의 절박함 정도와 상관없음).

즉 화장실 가는 것을 참으면서 시험을 봐도 문제를 더 틀리지 않으며 문제에 따라서는 오히려 도움이 될 수도 있다는 사실을 이 실험을 통해 알 수 있었습니다.

다른 실험에서는 대학생 122명을 물 50밀리리터를 마시는 그룹과 700밀리리터를 마시는 그룹으로 나누어 45분 동안 과제를 수행하게 한 후 '내일 16달러'를 받을지 '35일 뒤에 30달러'를 받을지를 선택하게 했습니다.

그러자 방광압으로 요의가 높아진 사람들이 많았던 물 700밀리리터를 마신 그룹이 눈앞의 이익에 흔들리지 않고 '35일 후 30달러' 받기를 선택하는 경향을 보였습니다. 즉 화장실을

실전에 약한 유리 멘탈을 강철 멘탈로 바꾸는 법

참는 상태에서는 더 장기적이고 유익한 것을 선택할 가능성이 커진다는 것입니다.

왜 이런 결과가 나왔을까요?

이는 억제의 효과 때문인 것이라 추측할 수 있습니다. 요의는 계속 커지는데 화장실에 갈 수 없는 상황이 되면 아무 데서나 볼일을 해결할 수 없으므로 뇌에서 요의를 참도록 억제 신호를 보냅니다. 이 효과가 요의가 아닌 다른 곳에도 파급되면서 단어의 글자와 색에 속는 반응과 단기적이고 적은 이익에 흔들리는 반응까지 함께 억제된다는 것이죠.

그렇다고 화장실을 가고 싶어도 억지로 참고 시험을 쳐야 한다는 것은 아닙니다. 만약 본의 아니게 그런 상황에 놓였을 때는 이 연구 결과를 떠올리면서 '꼭 최악의 상황만은 아니야'라고 스스로를 안심시킬 수 있다는 것이죠. 그렇게 마음의 여유가 생기면 실력 발휘로 이어질 수 있을 것입니다.

평소에 한 번쯤은 화장실 가는 것을 참은 상태로 공부해보는 것도 나쁘지 않을 것입니다. '이그노벨상을 탄 그 화장실 연구도 있었잖아…'라고 떠올리면서 차분하게 요의를 다루는 연습을 해놓으면 실전에서도 얼마든지 대응할 수 있겠죠.

참고로 도저히 참을 수 없을 정도로 요의를 느낄 때는 반드시 화장실을 가야 합니다! 호주 멜버른 콜필드 병원 매튜스 박사의 연구에 따르면 요의가 한계 수준에 도달하면 집중력과 기억력에 큰 악영향을 미친다고 합니다.

한 줄 정리

시험 바로 직전 화장실에 가고 싶지만 시간이 없을 때는 참아도 괜찮다. 그것이 실력 발휘로 이어질 수도 있다.

41

뇌의 정보처리속도를 높이는
'주판 뇌'의 비밀

"본능적이고 직관적으로 뇌를 사용하게 되면
힘들이지 않고 실력을 발휘할 수 있다."

주판의 달인들은 편안한 상태에서도 뇌를 최대로 활용한다

"실제 시험이라는 것을 의식하지 않으면서 잘할 수 있으면 좋겠는데…."

그렇습니다. 쓸데없는 잡생각은 하지 않고 직관적으로 문제를 풀어낼 수만 있다면 좋을 텐데, 그게 과연 가능할까요?

어쩌면 그 열쇠가 될 수도 있는 것이 바로 주판입니다.

요즘 사람에게는 별로 친숙하지 않을지도 모르겠지만 주판의 달인들은 주판을 두는 속도는 물론이거니와 주판을 쓰지 않고 암산하는 능력이 매우 뛰어납니다.

실전에 약한 유리 멘탈을 강철 멘탈로 바꾸는 법

이런 주판의 달인들이 뇌를 어떻게 활용하는가에 관해서는 다양한 분석들이 이루어져 있습니다. 여기서는 이와 같은 선행 연구에도 참여한 바 있는 일본 게이오기주쿠대학교의 이마이 와 아오야마의 연구를 소개하겠습니다.

주판 숙련자 19명과 그 대조 그룹인 미숙련자 17명을 대상으로 어 두운 방에서 휴식한 뒤 아무 생각도 하지 않는 상태에서 눈을 뜨고 있는 경우와 눈을 감고 있는 경우에서의 뇌파를 측정했다.

그 결과 눈을 뜨고 있을 때는 차이가 없었고 눈을 감고 있을 때는 숙련자 그룹이 집중과 관련된 세타파와 베타파 대역에서 뇌파 활동이 낮다는 사실이 밝혀졌습니다. 그리고 양 대역에서 좌반구의 아래이마이랑(하전두회)의 활동에도 차이가 있는 것으로 관찰되었습니다.

내용이 좀 어렵지요. 자세히 설명하자면 아래이마이랑은 언어기능과 관련된 뇌 부위로, 선행연구에서 주판 미숙련자는 숫자 정보를 일단 언어 정보로 치환한 후에 계산하는 언어적 전략을, 숙련자는 이미지로 보는 시공간적 전략을 사용하는 것으로 밝혀졌습니다.

즉 숙련자는 숫자 정보를 처리할 때 언어기능과 관련된 부위인 왼쪽 아래이마이랑이 별로 작동하지 않는다는 것입니다.

이들 사실로 볼 때 주판을 잘 다루는 사람은 언어 정보로 변환하는 단계를 거치지 않으므로 남들보다 짧은 시간에 계산할 수 있음을 알 수 있습니다. 바꾸어 말하면 이처럼 뇌를 사용하게 된다면 계산 능력이 향상될 수 있을 것으로 생각합니다.

이마이가 중심이 되어 실행한 다른 실험에서도 주판 숙련자는 뇌 전체를 사용하여 문제를 푸는 것으로 밝혀졌습니다.

또 하나 흥미로운 것은 주판 숙련자는 디폴트모드 네트워크(멍한 상태에서 활발해지는 뇌 영역을 말함)와 관련된 부위의 활동에서도 우위였다는 점입니다.

디폴트모드 네트워크란 간략하게 말하면 집중의 반대입니다. 즉 주판 숙련자는 잠을 자거나 멍하게 있을 때와 같은 이완된 상태에서도 뇌를 사용하고 있다는 것입니다.

완벽하게 그렇다고 말하기엔 다소 무리가 있을 수 있겠지만 이처럼 뇌를 사용할 수 있는 사람은 압박감을 덜 느끼면서 평상시 실력을 실전에서도 잘 발휘할 수 있을 것입니다.

혹시 래퍼들의 프리스타일 랩 배틀을 보신 적이 있나요? 실력 있는 래퍼들을 보면 '미리 다 생각해놓은 거 아니야?' 싶을 만큼(물론 설정인 경우도 있다지만) 그때그때 상황에 맞는 너무나 정교한 말들이 오고 갑니다.

저는 예전에 개인적으로 래퍼의 뇌파를 측정한 적이 있었는데요. 당연히 언어중추가 강하게 작동하리라 예상했는데 이때도 실제로는 거의 잠을 잘 때와 유사한 디폴트모드 네트워크 상태가 나왔습니다.

결과를 보고 나서야 '그래서 정말 다양한 말들이 그 순간에 딱 떠오르는구나' 하고 이해할 수 있었습니다.

이처럼 본능적이고 직관적으로 뇌를 사용할 수 있게 되면 큰 무대에서도 실력을 즉석에서 잘 발휘할 수 있지 않을까요?

저는 프리스타일 랩을 연습하는 방법에 대해서는 잘 모르기 때문에 여러분께 주판을 추천하고 싶습니다. 처음부터 암산 연습을 하게 되면 문자와 언어가 바탕이 된 암산 실력만 늘어날 수 있으므로 우선은 주판을 아무 생각 없이 그냥 튕겨보는 것도 좋습니다.

제 지인 중에도 주판의 달인들이 몇 명 있는데 이공계는 물론이고 정말 머리가 좋은 사람들뿐입니다. 주판을 연습함으로써 계산 능력뿐만 아니라 지능도 좋아지는 효과를 기대할 수 있을 것 같습니다.

한 줄 정리

실력만큼 결과를 내고 싶다면 이완된 상태에서도 뇌를 100퍼센트 사용할 수 있는 '주판 뇌'를 갖도록 훈련한다.

실전에 약한 유리 멘탈을 강철 멘탈로 바꾸는 법

42

'불안'을 '설렘'으로 바꾸면
좋은 결과를 얻을 수 있다

"긴장으로 심장이 두근거리는 것은
실력 발휘할 만반의 준비가 되어 있다는 신호다."

불안의 '두근두근'이나 설렘의 '두근두근'이나
몸에 나타나는 반응은 똑같다

시험 당일, 긴장은 최고조에 달합니다. '실력이 제대로 다 안 나오면 어떡하지?' 하는 불안이 몰려옵니다.

물론 그러지 않게 미리 준비할 수 있으면 좋으련만, 긴장감과 불안 때문에 심장박동수가 올라가면서 심장이 두근거리기 시작하면 멈추고 싶어도 멈출 수가 없습니다. 그것이 초조함으로 이어지면서 성과가 떨어지기도 합니다.

이럴 때 특효약이 될 만한 것이 미국 하버드대학교의 브룩스가 주장하는 대처법입니다. '나는 불안하다'가 아니라 '나는 설렌다'라고 자기 자신에게 되뇌기만 하면 된다고 하니, 정말 간단합니다.

100명 이상의 실험 참가자를 '나는 불안하다'라고 말하는 그룹과 '나는 설렌다'라고 말하는 그룹과 아무 말도 하지 않는 그룹으로 나눈 뒤, 처음 보는 사람들 앞에서 노래를 부르거나 카메라 앞에서 스피치를 하거나 계산 문제를 풀게 하여 그 결과를 평가했다.

실험 결과, 모든 실험 과제에서 실험 전에 '나는 설렌다'라고 말한 참가자들이 더 좋은 결과를 보였다고 합니다.

예를 들어 음정이나 리듬으로 노래의 정확도를 보는 실험에서는 '나는 불안하다'라고 소리 내어 말한 사람은 52.98퍼센트, '나는 설렌다'라고 말한 사람은 80.52퍼센트, 아무 말도 하지 않은 사람은 69.52퍼센트라는 큰 차이가 나왔습니다.

인간은 긴장될 때나 흥분될 때 모두 똑같이 심장이 두근거립니다. 몸의 반응으로는 거의 같습니다.

두근거리는 것은 몸의 입장에서는 시동이 걸린 상태입니다.

따라서 중요한 순간을 눈앞에 두고 두근거릴 때는 억지로 차분해지려고 하지 말고 차라리 '나는 기대된다'거나 '나는 설렌다'와 같은 말을 스스로 암시하면 뇌가 나의 상태를 설레는 것으로 착각하면서 성과가 좋아진다는 것입니다.

이 연구의 핵심은 '불안'을 '설렘'으로 대치시키는 것입니다.

뇌는 이완된 상태보다 흥분 상태에 있을 때를 더 긍정적으로 여깁니다. 브룩스에 따르면 불안한 상태에서 이완된 상태로 마음을 가라앉히는 것보다는 불안한 상태에서 설렘 상태로 이행하는 쪽이 효율적이라고 합니다.

참고로 불안에서 설렘으로의 긍정적 변환은 꼭 소리 내지 않고 마음속으로 되뇌기만 해도 효과가 있다고 하네요. 위기는 곧 기회입니다!

한 줄 정리

실전에서 긴장을 늦추려면 '긴장하는 게 아니고 설레고 있는 것'이라고 자신에게 암시한다.

실전에 약한 유리 멘탈을 강철 멘탈로 바꾸는 법

43

시험에 대한 불안감을 누그러뜨리는 '이프-덴 플래닝'

"불안은 시각화할 때 사라진다."

불안의 원인이 공복감이라면 뭔가를 먹었을 때 해소된다

압박감을 느낄 때 실력이 100퍼센트 나오지 않는 원인에는 불안이 있습니다.

불안을 제거할 수만 있다면 누구나 제거하고 싶을 것입니다. 그런데 불안도 순화와 마찬가지로 인간이 살아가는 데 꼭 필요한 감정입니다.

극단적인 예를 들자면, 눈앞에 흥분한 사자가 나타났는데 두렵고 불안하지 않다면 사자의 습격을 받아 위험에 빠지겠죠. 너무 비현실적인 상황이라 공감하기 어렵다면 다른 예를 들어

볼까요? 만약 공복 상태에서 불안을 느끼지 못한다면 우리는 그대로 굶어 죽을 수도 있습니다. '배가 고프다', '뭔가 먹어야 한다'라는 불안을 느끼므로 그 불안을 해소하기 위해서 식사라는 행동을 하게 되는 것이죠.

외식이나 쇼핑을 할 때 리뷰 사이트를 검색하는 것도 이와 비슷한 이치입니다. 이런 사이트를 이용하는 사람의 대부분은 '꽝'을 뽑고 싶지 않다는 불안감 때문에 다른 사람의 의견을 참고하는 것입니다.

불안을 잘 다스리려면 '무엇에 대한 불안인가'를 명확하게 하는 것이 중요합니다.

공복감이 그 원인이라고 파악되면 식사를 해서 배를 채우는 것으로 대처할 수 있습니다. 시험에 대한 불안 또한 그 원인이 무엇인지가 파악되면 해소하는 것도 불가능하지 않습니다. 그런 의미에서 공부법은 아니지만 불안 대처법의 힌트가 될 만한 연구를 소개합니다.

미국 뉴욕대학교의 심리학자 골위처가 주장하는 '이프-덴 플래닝(If Then Planning)'이라는 방법이 있습니다. 이는 '만약(if) … 한다면 그때는(then) …한다'라고 미리 상황을 결정해놓는 것입니다. 예를 들면 '공부 중에 스마트폰이 보고 싶으면 주먹을 다섯 번 쥐었다 폈다 한다'와 같은 식입니다.

다음은 독일 콘스탄츠대학교의 아흐치거 연구팀이 이프덴 플래닝을 이용해 테니스 선수들을 대상으로 실시한 실험입니다.

107명의 테니스 선수들을 다음 세 그룹으로 나누어서 본인과 트레이너 혹은 팀 동료에게 경기 성과 등을 평가하게 했다.

① 경기 당일 '공 하나하나에 혼을 담아서 친다는 마음가짐으로 경기하여 시합에서 승리한다'라는 목표를 적은 종이에다 밑줄을 긋고 서명을 하게 한 그룹
② 같은 목표를 두고 이프-덴 플래닝(예를 들어 '집중력이 떨어진다'와 같은 부정적 생각이 들면 '침착해지도록 한다'와 같이 뭔가 구체적인 행동을 하도록 정해놓는다)을 하는 그룹
③ 아무것도 하지 않는 그룹

실험 결과, 이프-덴 플래닝을 한 그룹의 평가가 압도적으로 좋았습니다.

불안을 마냥 두려워하지 않고 제대로 직면하면 오히려 결과적으로 불안이 해소되기도 합니다. 공부를 제대로 하고 있는지 불안하니까 이렇게 공부법에 관한 책을 읽게 되는 것처럼 말이죠.

불안을 그대로 내버려 두지 말고 그것이 어떤 불안인지를 꼭 분석해보기 바랍니다. 설령 그것이 바로 대처할 수 없는 것이라 해도, 그 불안이 어떤 것인지 알고 있는 것만으로도 사고의 방향성이 바뀌면서 긴장에 압도되는 비중이 조금은 줄어들 수 있을 것입니다.

한 줄 정리

불안한 마음을 막연하게만 느끼지 말 것. 그 원인이 무엇인지를 알면 대처법도 쉽게 찾을 수 있다.

실전에 약한 유리 멘탈을 강철 멘탈로 바꾸는 법

44

불안은 줄이고 성과는 올리는
아주 단순한 기술

"불안함을 인정하는 것은 마음의 평안과 함께
작업기억의 개선을 가져다준다."

그전까지는 아무렇지도 않았는데 막상 일이 닥쳐오니까 두근 거리면서 불안해지기 시작할 때가 종종 있습니다.

이럴 때는 불안을 유발하는 원인, 즉 불안의 씨앗을 찾아보 세요. 이건 과학적 검증 같은 걸 따질 필요도 없이 '팩트'라 생 각하고 긍정적으로 믿어보시기 바랍니다.

미국 시카고대학교 라미레즈 연구팀의 연구를 소개합니다.

그러자 불안한 점을 종이에 쓴 그룹이 대조 그룹보다 성적이 높았습니다. 이것만 보면 시험 전에 손을 움직여서 뇌를 자극한 것이 원인이라고 생각할 수도 있겠으나, 라미레즈 연구팀은 다른 연구 결과를 종합해서 볼 때 성적 향상의 요인은 종이에다 불안한 점을 쓴 것이라고 결론 내리고 있습니다.

그럼 왜 이런 결과가 나왔을까요?

원인으로 추측되는 것은 작업기억(워킹 메모리)의 해방입니다. 단기기억보다 더 짧은 기간의 기억을 담당하는 작업기억은 공부뿐만 아니라 시험에서도 매우 중요합니다. 그런 의미에서 미국 노스캐롤라이나주립대학교의 클라인과 북텍사스대학교의 볼스 연구진의 연구도 참고할 만합니다.

실험에서는 불안감을 느끼는 신입생 35명에게 대학에 입학한 소감과 느낌을 매일 20분씩 2주간 쓰게 했습니다. 7주 후 평범한 주제로 글을 쓴 36명보다 정서적인 부분뿐만 아니라 작업기억이 몰라보게 좋아진 것이 관찰되었습니다. 또한 클라인과 볼스의 다른 실험에서, 부정적 경험을 쓴 34명은 긍정적 경험을 쓴 33명과 평범한 주제에 대해 쓴 34명보다 작업기억이 개선되면서 잡생각이 줄어든 것으로 나타났습니다.

작업기억에는 눈앞의 불안도 저장되어버립니다. 그것을 글로 씀으로써 불안에서 놓여나는 것이지요. 그 외에도 분야는 다르지만 영국 러프버러대학교의 스웨인과 존스에 따르면 농구선수들이 불안을 스스로 인정했을 때 경기 성과가 향상된다는 연구도 있습니다.

인생에서 불안은 절대로 제거할 수 없습니다. 불안은 인간 생존에 꼭 필요한 본능이기 때문이죠. 불안을 억지로 부정하기보다 지혜롭게 마주하면서 공부 효율을 높여나가시기 바랍니다.

한 줄 정리

불안은 언제 어디서나 나를 찾아온다. 불안해지면 그 요인을 글로 써보기만 해도 잡생각이 사라진다.

공부 사전에 추가할
나만의 공부법이 있나요?

끝까지 읽어주셔서 감사합니다. 어떠셨나요? "지금까지 암기가 어려워서 고민했는데 암기 방법이 잘못되어 있었다" 혹은 "내가 이제까지 옳았다고 생각했던 공부법이 사실은 역효과를 내는 것이었다"와 같은 깨달음이 있었나요? 여러분이 더 나은 공부법을 발견하는 데 이 책이 조금이나마 도움이 되었다면 정말 기쁘겠습니다.

어쩌면 여러분 중에는 '정말 이 방법들이 맞을까?'라고 의심하는 사람도 있을 것입니다.

'과학적이라는 게 대체 뭔데?'라는 의문을 제기하는 사람들의 이야기도 사실 자주 듣습니다. 본문에서도 조금 다루었지만, '과학적'이라는 것에 대한 제 생각을 잠깐 말하고자 합니다.

연구자들이 하는 이른바 '과학적'이라고 불리는 수많은 연구는 아무리 수준이 높은 것이라 할지라도, 또한 역사에 길이 남을 인류 발전에 공헌하는 위대한 것이라 할지라도 그 시작은 아주 단순한 '반짝 생각나는 아이디어들'입니다.

그 아이디어가 과학적 가치가 있음을 인정받기 위해서는 같은 분야에 종사하는 전 세계의 연구자들이 지켜보는 자리에서 공식적으로 발표할 필요가 있습니다. 실험이나 연구를 통해 자신의 아이디어를 검증해서 논문으로 정리하여 그 내용을 심사받는 것입니다. 이것이 동료평가(peer review)라는 것인데 이 과정을 통과해서 과학논문지에 게재되어야 그 아이디어가 비로소 지혜의 열매와 같은 '연구'로서 인정됩니다. 과학적이라고 인정받으려면 이와 같은 시간과 노고가 필수입니다.

과학적인 연구로부터 도출된 결론이 반드시 유일하고 절대적인 정답이라고는 할 수 없습니다. 현재에는 과학적이라 인정받았더라도 훗날에는 오류로 밝혀지거나, 하나의 결론으로 맺어지지 않고 연구자들 사이에서 의견이 갈리는 경우 또한 적지 않습니다. 과학을 믿지 않는 것도 문제지만 과학을 맹신하는 것 또한 금물입니다. 연구는 지금도 끊임없이 진화하고 있습니다.

과학적 연구 성과가 어떤 성질을 지니고 있는지 충분히 이해한 다음 이 책에서 소개한, 현재까지 과학적으로 효과가 있거나 옳다고 여겨지는 방법들을 다양하게 시도해보았으면 하는 바람입니다.

다시 공부 이야기로 돌아가겠습니다.

어떤 일을 정말 좋아하면 결국 그 일을 잘하게 됩니다. 그래서 공부는 재미있게 해야 합니다. 예를 들어 유치원생 정도의 어린아이가 공룡을 너무나 좋아한 나머지 그 종류를 몽땅 외워서 공룡만 보면 바로 "○○시대의 ○○○○이고, 특징은…." 하고 줄줄 말해버리는 그런 느낌입니다. 아이는 즐기면서 그 어마어마한 지식을 머릿속에 집어넣고 기억합니다.

학생 중에도 공부는 싫다고 하면서 좋아하는 게임의 스토리는 자세하게 외우는 사람이 있습니다. 게임 속의 역사와 인간관계, 지리는 물론 무기나 공격 특징까지 거의 완벽하게 다 외워서 레벨업을 순식간에 달성해버리죠. 어떻게 보면 그들은 엄청난 양의 공부를 하는 것과 마찬가지입니다.

뇌는 재미있는 것을 아주 좋아합니다. 뇌는 즐거우면 즐거울수록 활성화됩니다. 인풋력과 아웃풋력이 모두 높아집니다. 그리고 절대로 잊어버리지 않게 됩니다.

그럼 어떻게 하면 즐길 수 있을까요?

만약 공부 자체를 즐길 수 없다면 긍정적으로 공부에 임할 수 있도록 기분을 좋게 만드는 것이 중요합니다. 게임을 좋아한다면 좋아하는 게임으로 기분전환을 하는 것도 나쁘지 않습니다. 저절로 웃음이 나오는 즐거운 방법으로 공부를 해보는 것도 하나의 방법입니다. 이 책에서도 소개한 몇 가지 재미있는 연구 속 공부법들을 실천해보는 것도 괜찮습니다.

심리학이나 뇌과학에서는 흔히 '몸이 먼저, 뇌는 나중'이라고 말합니다. 따라서 몸으로 재미를 연출해서 뇌를 속이면 됩니다. 입꼬리를 살짝 올리고 '너무 즐거워!'라고 마음속으로 되뇌면서 공부하면 그것만으로도 확실히 공부 효율이 올라간다는 실증 연구가 있습니다. 저도 이를 직접 경험했기 때문에 확신하고 있습니다. 억지 미소라도 얼굴이 웃고 있으면 뇌는 미소를 감지해서 즐겁다고 느낍니다.

현재 공부하는 걸 싫어하는 사람은 조금이라도 재미있게 할 수 있을 것 같은 연구를, 지금 공부하는 걸 좋아하는 사람은 공부가 더 좋아질 것 같은 연구를 참고로 하여 자신만의 공부법을 만들어나가기 바랍니다.

그 앞에는 반드시 최고의 결과가 기다리고 있을 것입니다.

뇌가 좋아하는 공부 사전

- A meta-analysis. Intelligence 2010; 38(3):314-323

- Aarts, H., Custers, R., & Marien, H. (2008). Preparing and motivating behavior outside of awareness. *Science*, 319(5870), 1639.

- Achtziger, A., Bayer, U. C., & Gollwitzer, P. M. (2012). Committing to implementation intentions: Attention and memory effects for selected situational cues. *Motivation and Emotion*, 36(3), 287-300.

- Analytis, P. P., Barkoczi, D., & Herzog, S. M. (2018). Social learning strategies for matters of taste. *Nature. Human Behavior*, 2, 415-424.

- Antony, J. W., Gobel, E. W., O'Hare, J. K., Reber, P. J., & Paller, K. A. (2012). Cued memory reactivation during sleep in uences skill learning. *Nature Neuroscience*, 15(8), 1114-1116.

- A skvik, E. O., van der Weel, F. R. , & van der Meer, A. L. H. (2020). The Importance of Cursive Handwriting Over Typewriting for Learning in the Classroom: A High-Density EEG Study of 12-Year-Old Children and Young Adults. *Frontiers in Psychology*. doi:10.3389/fpsyg.2020.01810

- Blomstrand, P, & Engvall, J. (2011). Effects of a single exercise workout on memory and learning functions in young adults–A systematic review. *Translational Sports Medicine*, 4, 115-127.

- Bohay, M., Blakely, D. P., Tamplin, A. K., & Radvansky, G. A. (2011). Note taking, review, memory, and comprehension. *The American Journal of Psychology*, 124(1), 63-73.

- Brickman, A. M., Khan, U. A., Provenzano, F. A., Yeung, L. K., Suzuki, W., Schroeter, H., Wall, M. , Sloan, R. P., & Small, S. A. (2014). Enhancing dentate gyrus function with dietary flavanols improves cognition in older adults. *Nature Neuroscience*, 17, 1798–803.

- Brooks, A. W. (2013). Get excited: Reappraising pre-performance anxiety as excitement. *Journal of Experimental Psychology*: General, 143, 1144–58.

- Campion, M. & Levita, M. (2014). Enhancing positive affect and divergent thinking abilities: Play some music and dance, *The Journal of Positive Psychology: Dedicated to furthering research and promoting good practice*, 9:2, 137-145.

- Cepeda, N. J., Vul, E., Rohrer, D., Wixted, J. T., & Pashler, H. (2008). Spacing effects in learning: A temporal ridgeline of optimal retention. *Psychological Science*, 19(11), 1095-1102.

- Christman, S. D., Garvey, K. J., Propper, R. E. & Phaneuf, K. A. (2003). Bilateral eye movements enhance the retrieval of episodic memories. *Neuropsychology*, 17, 221-229.

- Ebbinghaus, H. (1885). Memory: A contribution to experimental psychology. New York: Dover.

- Furnham, A. & Allass, K. (1999). The influence of musical distraction of varying complexity on the cognitive performance of extroverts and introverts. *European Journal of Personality*,13(1), 27-38

- Furnham, A. & Bradley, A. (1997). Music while you work: The differential distraction of background music on the cognitive test performance of introverts and extraverts. *Applied Cognitive Psychology*, 11(5), 445-455.

- Furnham, A. & Strbac, L. (2002). Music is as distracting as noise: the differential distraction of background music and noise on the cognitive test 36 performance of introverts and extraverts. *Ergonomics*, 45(3), 203-217.

- Gnambs, T., Stasielowicz, L., Wolter, I., & Appel, M. (2020). Do computer games jeopardize educational outcomes? A prospective study on gaming times and academic achievement. *Psychology of Popular Media*, 9, 69-82.

- Gollwitzer, P. M. (1993). Goal achievement: The role of intentions. *European Review of Social Psychology*, 4, 141-185.

- Hartshorne, J. K., and Germine, L. T. (2015). When Does Cognitive Functioning Peak? The Asynchronous Rise and Fall of Different Cognitive Abilities Across the Life Span. *Psychological Science*, 26(4), 433-443.

- 波多野文, 関根崇泰, 伊 智充, 井原なみは, 田中裕子, 村上智子, 衣川忍, 入戸野宏 (2015). 紙ノートとタブレット端末の使用が学習時の認知負荷に及ぼす影響—脳波を用いた検討—, 信学 技報, 115 (185), HCS2015-48, 39-44.

- Hayati, M. and Fattahzadeh, A. (2006). The Effect of Monolingual and Bilingual Dictionaries on Vocabulary Recall and Retention of EFL Learners. *The Reading Matrix*, 6(2). 125-134.

- Helton, W. S. and Russell, P. N. (2015). Rest is best: The role of rest and task interruptions on vigilance. *Cognition*, 134, 165–173.

- Hill, C. M., DeBusk, H., Simpson, J. D., Miller, B. L., Knight, A. C., Garner, J. C., Wade, C., & Chander, H (2019). The Interaction of Cognitive Interference, Standing Surface, and Fatigue on Lower Extremity Muscle Activity. *Safety and Health At Work*, 10, 321- 326.

- Hirano, Y., Masuda, T., Naganos, S., Matsuno, M., Ueno, K., Miyashita, T., Horiuchi, J., & Saitoe, M. (2013). Fasting launches CRTC to facilitate long-term memory formation in Drosophila. *Science*, 339, 443-446.

- 今井むつみ・青山敦 (2017). 珠算熟達者のワーキングメモリと直観の背後にある全脳の神経ネット ワークの解明, 2017 年慶應義塾大学術交流支援資金研究活動報告書.

- Isen, A. M., Daubman,K. A., &N owicki,G. P.(1987). Positive affect facilitatescreative problem solving. *Journal of Personality and Social Psychology*, 52, 1122-1131.

- Joice, P. P. S., Manik, K. A., & Sudhir, P. K. (2018). Role of yoga in attention, concentration, and memory of medical students. *National Journal of Physiology, Pharmacy and Pharmacology*, 8(11), 1526-1528.

- 金谷英俊, 永井聖剛 (2016). 他者からの観察は変化の見落とし課題成績を低下させる, 映 像情報メディア学会技術報告, 40(37), 9-10.

- Karpicke, J. D., & Roediger, H. L. (2008). The Critical Importance of Retrieval for Learning. *Science*, 319(5865), 966–968.

- Klein, K., & Boals, A. (2001). Expressive Writing Can Increase Working Memory Capacity. *Journal of Experimental Psychology General*, 130, 520-533.

- 向後智子, 向後千春(1998). マンガによる表現が学習内容の理解と保持に及ぼす効果日本教育 工学会論文誌, 22(2). 87-94.

- Kornell, N., & Bjork, R. A. (2008). Learning concepts and categories: Is spacing the "enemy of induction"? *Psychological Science*, 19, 585–592.

- Kuhl, P. K., Tsao, F.-M. & Liu, H.-M. (2003). Foreign-Language Experience in Infancy Effects of Short-Term Exposure and Social Interaction on Phonetic Learning. *Proceedings of the National Academy of Science*, 100, 9096- 9101.

- Libet, B., Gleason, C. A., Wright, E. W, & Pearl, D. K. (1983). Time of Conscious Intention to Act in Relation to Onset of Cerebral Activity (Readiness-potential). *Brain*, 106, 623-642.

- Ma, X., Yue, Z., Gong, Z., Zhang, H., Duan, N., Shi, Y., Wei, G. & Li, Y. (2017). The Effect of Diaphragmatic Breathing on Attention, Negative Affect and Stress in Healthy Adults. *Frontiers in Psychology*, 8, 874.

- 前田健一, 円田初美, 新見直子 (2012). 好きな科目と嫌いな科目の学習方略と自己効力感, 広島大 学心理学研究, 12, 45-59.

- Mangen, A., Walgermo, B. R., & Bronnick, K. (2013). Reading linear texts on paper versus computer screen: Effects on reading comprehension, *International Journal of Educational Research*, 58, 61-68.

- Matthews, G. (2015). Study focuses on strategies for achieving goals, resolutions. A study presented at the Ninth Annual International Conference of *the Psychology Research Unit of Athens Institute for Education and Research* (ATINER), Athens, Greece.

- Matthew, M. S., L., Snyder, P. J., Pietrzak, R. H., Darby, D., Feldman, R. A. & Maru , P. T. (2011). The Effect of Acute Increase in Urge to Void on Cognitive Function in Healthy Adults, *Neurology and Urodynamics*, 30(1), 183-7.

- Mehta, R., Zhu, R. J., & Cheema, A. (2012). Is noise always bad? Exploring the effects of ambient noise on creative cognition. *Journal of Consumer Research*, 39(4), 784–799.

- 森敏昭 (1980). 文章記憶に及ぼす黙読と音読の効果, 教育心理学研究, 2, 57-61.

- Mueller, P. A., & Oppenheimer, D. M. (2014). The pen is mightier than the keyboard: Advantages of longhand over laptop note taking. *Psychological Science*, 25(6), 1159-1168.

- Nakata, T. (2015). Effects of expanding and equal spacing on second language vocabulary learning: Does gradually increasing spacing increase vocabulary learning? *Studies in Second Language Acquisition*, 37(4), 677-711.

- Nantais, K. M. & Schellenberg, E. G. (1999). The Mozart effect: An artifact of preference. *Psychological Science*, 10(4), 370-373.

- Nestojko, J. F., Bui, D. C., Kornell, N., & Bjork, E. L. (2014). Expecting to teach enhances learning and organization of knowledge in free recall of text passages. *Memory & Cognition*, 42(7), 1038-1048.

- Nittono, H., Fukushima, M., Yano, A., and Moriya, H. (2012). The power of kawaii: Viewing cute images promotes a careful behavior and narrows attentional focus. *PLoS ONE*, 7(9), e46362.

- 大崎さつき, 中山夏恵 (2008). 日本人英語学習者のための電子辞書使用, 日英言語文化研究会(編)『日英の言語・文化・教育』三修社, 339-348.

- Parker, A. , Parkin, A. , & Dagnall, N. (2013). Effects of saccadic bilateral eye movements on episodic and semantic autobiographical memory fluency. *Frontiers in Human Neuroscience*, 7, 1-10.

- Pietschnig, J., Voracek, M., & Formann, A. K. (2010). Mozart effect–Shmozart effect: A meta-analysis. *Intelligence*, 38(3), 314-323.

- Propper, R. E., McGraw, S. E., Brunyé, T. T., & Weiss, M. (2013). Correction: Getting a Grip on Memory: Unilateral Hand Clenching Alters Episodic Recall. *PLoS ONE*, 8(5), 10.

- Ramirez, G., & Beilock, S. L. (2011). Writing about Testing Worries Boosts Exam Performance in the Classroom. *Science*, 331, 211-213.

- Randolph, D. D., & O'Connor, P. J. (2017). Stair walking is more energizing than low dose caffeine in sleep deprived young women. *Physiology & Behavior*, 174, 128-135.

- Rauscher, F. H., Shaw, G. L., & Ky, K. N. (1993). Music and spatial task performance. *Nature*, 365, 611.

- Rehfeld K, Müller P, Aye N, Schmicker M, Dordevic M, Kaufmann J, Hökelmann A, & Müller, N. G. (2017). Dancing or Fitness Sport? The Effects of Two Training Programs on Hippocampal Plasticity and Balance Abilities in Healthy Seniors. *Frontiers in Human Neuroscience*.11, 305.

- Roediger, H. L., & Karpicke, J. D.(2010). Intricacies of spaced retrieval: A resolution. In A. S. Benjamin(Ed.), *Successful remembering and successful forgetting: A festschrift in honor of Robert A. Bjork*, 23-47, New York, NY: Psychology Press.

- Rosekind M. R., Smith, R. M., Miller, D. L., Co, E. L., Gregory, K. B., Webbon, L. L., Gander, P. H., & Lebacqz, V. (1995). Alertness management: Strategic naps in operational settings. *Journal of Sleep Research*, 4 (Supplement 2), 62-66.

- Rutishauser, U., Ross, I., Mamelak, A, Mamelak, A. N., & Schuman, E. M. (2010). Human memory strength is predicted by theta-frequency phase-locking of single neurons. *Nature*, 464, 903-907.

- Salas, C., Minakata, K., and Kelemen, W. (2011). Walking before study enhances free recall but not judgement-of-learning magnitude. *Journal of Cognitive Psychology*, 23 (4), 507-513.

- Shimizu K, Kobayashi Y, Nakatsuji E, Yamazaki M, Shimba S, Sakimura K , & Fukada Y. (2016). SCOP/PHLPP1 β mediates circadian regulation of long-term recognition memory. *Nature Communications*, 7, 12926.

- Siedlecki, J., Mohr, N., Luft, N., Schworm, B., Keidel, L., & Priglinger, S. G. (2019). Effects of flavanol-rich dark chocolate on visual function and retinal perfusion measured with optical coherence tomography angiography: A randomized clinical trial. *JAMA Ophthalmology*, 3731.

- Strack, F. Martin, L. L., & Stepper, S. (1988). Inhibiting and Facilitating Conditions of the Human Smile: A Nonobtrusive Test of the Facial Feedback Hypothesis. *Journal of Personality and Social Psychology*, 54 (5), 768-777.

- Studte, S., Bridger, E. & Mecklinger, A. (2015). Nap sleep preserves associative but notitem memory performance. Neurobiology of *Learning and Memory*, 120, 84-93.

- Swain, A. B. J. & Jones, G. (1996). Explaining performance variance: The relative contribution of intensity and direction dimensions of competitive state anxiety. *Anxiety, Stress and Coping: An International Journal*, 9, 1–18.

- Söderlund, G. B. W., Sikström, S., & Smart, A. (2007). Listen to the noise: Noise is benefi-cial for cognitive performance in ADHD. *Journal of Child Psychology and Psychiatry*, 48(8), 840-847.

- 田中辰雄 (2020). ゲームによる学力低下に閾値はあるか 想起による大規模調査. 国際大学 GLOCOM DISCUSSION PAPER_No.15(20-001).

- Tozuka, Y., Fukuda, S., Namba, T., Seki, T. & Hisatsune, T. (2005). GABAergic excitation promotes neuronal differentiation in adult hippocampal progenitor cells. *Neuron*, 47, 803-815.

- Tuk, M. A., Trampe, D., & Warlop, L. (2011). Inhibitory spillover: Increased urination urgency facilitates impulse control in unrelated domains. *Psychological*

Science, 22(5), 627-633.

- Tulving, E.(1972). Episodic and semantic memory. In Tulving,E. & Donaldson, W. (eds), *Organization of Memory*. New York : Academic Press, 1972 : 381-403.

- Weinberg, L., Hasni, A., Shinohara, M., & Duarte, A. (2014). A single bout of resistance exercise can enhance episodic memory performance. *Acta Psychologica*, 153, 13-19.

- Wilhelm I, Schreiner T, Beck J, & Rasch B. (2020). No effect of targeted memory reactivation during sleep on retention of vocabulary in adolescents. *Scientific Reports*. 10, 4255.

- Zajonc, R. B. (1965). Social facilitation. *Science*, 149, 269-274.

- 読書活動と学力·学習状況調査の関係に関する調査研究(静岡大学) https:// www.mext.go.jp/b_menu/shingi/chousa/shotou/045/shiryo/attach/1302195.htmx

뇌가 좋아하는 공부 사전

할수있어!

오승민

연세대학교 이과대학 화학과를 졸업하고 성균관대학교 제약학과를 졸업했다. 어릴 때부터 아버지 회사일로 일본을 왕래하며 10년 가까이 거주했다. 현재 번역 에이전시 엔터스코리아 출판기획 및 일본어 전문 번역가로 활동하고 있다. 주요 역서로는《의외로 수상한 식물도감》,《비커군과 실험기구 선배들》,《비커군과 실험실 친구들》,《재밌어서 밤새 읽는 원소 이야기》,《아들러식 스스로 공부하는 아이로 만드는 부모의 말》등이 있다.

뇌가 좋아하는 공부 사전

초판 1쇄 발행 2021년 9월 23일
초판 3쇄 발행 2022년 4월 22일

지은이 | 홋타 슈고
옮긴이 | 오승민
발행인 | 김형보
편집 | 최윤경, 강태영, 이경란, 임재희, 곽성우
마케팅 | 이연실, 김사룡, 이하영
디자인 | 송은비
경영지원 | 최윤영

발행처 | 어크로스출판그룹(주)
출판신고 | 2018년 12월 20일 제 2018-000339호
주소 | 서울시 마포구 양화로10길 50 마이빌딩 3층
전화 | 070-5080-4037(편집) 070-8724-5877(영업)
팩스 | 02-6085-7676
이메일 | across@acrossbook.com

한국어판 출판권 ⓒ 어크로스출판그룹(주) 2021

ISBN 979-11-6774-003-8 03180

만든 사람들
편집 | 최윤경, 양다은
본문디자인 | 송은비
표지디자인 | 양진규
일러스트 | 난